썩지 않는 플라스틱! 지구와 인간을 병들게 하는
환경 호르몬

1판 1쇄 발행 2021년 1월 2일

글쓴이	김경우
그린이	윤길준
편집	이용혁 이순아
디자인	문지현 오나경
펴낸이	이경민
펴낸곳	㈜동아엠앤비
출판등록	2014년 3월 28일(제25100-2014-000025호)
주소	(03737) 서울특별시 서대문구 충정로 35-17 인촌빌딩 1층
전화	(편집) 02-392-6901 (마케팅) 02-392-6900
팩스	02-392-6902
전자우편	damnb0401@naver.com
SNS	

ISBN 979-11-6363-314-3 (74400)

※ 책 가격은 뒤표지에 있습니다.
※ 잘못된 책은 구입한 곳에서 바꿔 드립니다.
※ 이 책에 실린 사진은 위키피디아, 셔터스톡에서 제공받았습니다.

도서출판 뭉치는 ㈜동아엠앤비의 어린이 출판 브랜드로, 아이들의 지식을 단단하게 만들어 주고, 아이들의 창의력과 사고력을 키워 주어 우리 자녀들이 융합형 창의 사고뭉치로 성장할 수 있도록 좋은 책을 만들겠습니다.

펴내는 글

호르몬과 환경 호르몬은 어떤 차이가 있을까?
환경 호르몬의 위험 없이 생활할 수 있을까?

선생님의 질문에 교실은 일순간 조용해지기 시작합니다. 인내심이 한계에 다다른 선생님께서 콕 집어 누군가의 이름을 부르는 순간 내가 걸리지 않았다는 안도감에 금세 평온을 되찾지요. 많은 사람 앞에서 어떻게 말을 해야 할까 고민 한번 해 보지 않은 사람은 없을 겁니다.

사람들 앞에서 자신의 생각을 조리 있게 전달하는 기술은 국어 수업 시간에만 필요한 것이 아닙니다. 학교 교실뿐만 아니라 상급 학교 면접 자리 또는 성인이 된 후 회의에서도 자신의 의견을 분명히 표현할 수 있어야 합니다. 하지만 어디서부터 시작해야 할지 몰라 입을 떼는 일이 쉽지 않습니다. 혀끝에서 맴돌다 삼켜 버리는 일도 종종 있습니다. 얼떨결에 한마디 말을 하게 되더라도 뭔가 부족한 설명에 왠지 아쉬움이 들 때도 많습니다.

논리적 사고 과정과 순발력까지 필요로 하는 토론장에서 자신만의 목소리를 내려면 풍부한 배경지식은 기본입니다. 게다가 고학년으로 올라가서 배우는 수업과 진학 시험에서의 논술은 교과서 속의 내용만을 요구하지 않습니다. 또한 상대의 의견을 받아들이거나 비판하기 위해서도 의견의 타당성과 높은 수준의 가치 판단을 해야 하는 경우가 많은데, 자신의 입장을 분명히 하기 위해선 풍부한 자료와 논거가 필요합니다.

토론왕 시리즈는 사회에서 일어나는 다양한 사건과 시사 상식 그리고 해마다 반복

되는 화젯거리 등을 초등학교 수준에서 학습하고 자신의 말로 표현할 수 있도록 기획되었습니다. 체계적이고 널리 인정받은 여러 콘텐츠를 수집해 정리하였고, 전문 작가들이 학생들의 발달 상황에 맞게 스토리를 구성하였습니다. 개별적으로 만들어진 교과서에서는 접할 수 없는 구성으로 주제와 내용을 엮어 어린 독자들이 과학적 사고뿐만 아니라 문제 해결력, 비판적 사고력을 두루 경험할 수 있도록 하였습니다. 폭넓은 정보를 서로 연결 지어 설명함으로써 교과별로 조각나 있는 지식을 엮어 배경지식을 보다 탄탄하게 만들어 줍니다. 뿐만 아니라 국어를 기본으로 과학에서부터 역사, 지리, 사회, 예술에 이르기까지 상식과 사회에 대한 감각을 익히고 세상을 올바르게 바라보는 눈도 갖게 할 것입니다.

『썩지 않는 플라스틱! 지구와 인간을 병들게 하는 환경 호르몬』은 우리 어린이들이 주변에서 쉽게 접할 수 있는 상황에서 환경 호르몬의 위험에 어떻게 대처해야 하는지 과학적으로 설명해 주고 있습니다. 과학이 점점 발달되고 생활이 점점 편리해짐에 따라 환경 호르몬에 대한 우려도 같이 커지겠지만, 이 책을 읽는 어린이들이 환경 호르몬에 대해 정확히 이해하고 관련 내용에 대해 자신 있게 말하고 토론할 수 있다면 더없이 소중한 시간이 될 것입니다.

편집부

# 차례

펴내는 글 · 4
환경 호르몬이 뭐지? · 8

1장 일회용품의 역습 · 11

아, 심심해

드디어 바다로

플라스틱 용기는 최소로

토론왕 되기! 일회용품 사용은 무조건 안 되는 걸까?

2장 환경 호르몬이 뭐야? · 31

어둠을 뚫고 미지의 세계로 출발! / 바닷새의 죽음

플라스틱 섬? / 환경 호르몬이 뭐야?

진짜 호르몬과 가짜 호르몬

토론왕 되기! 어떻게 주변국의 제품들이 우리나라 섬에서 발견될까?
세계에는 얼마나 많은 쓰레기 섬이 있을까?

3장 플라스틱은 누가 만든 거야? · 61

죽음의 플라스틱 알갱이

당구공 때문에 플라스틱이 개발되었다고?

플라스틱은 마법일까?

토론왕 되기! 플라스틱에서만 환경 호르몬이 나올까?

뭉치 토론 만화
환경 호르몬이 들어간 제품을 안 쓸 수 없을까? · 83

4장 환경 호르몬은 우리를 망친다 · 91

건규는 컵라면을 너무 많이 먹어

환경 호르몬과 성조숙증

환경 호르몬의 피해

토론왕 되기! 플라스틱을 계속 사용해도 될까?
자연에서 분해되는 플라스틱이 있다고?

5장 플라스틱 없이 살 수 있을까? · 109

인간의 이기심이 문제야

플라스틱, 환경 호르몬 없는 세상

토론왕 되기! 쓰레기가 세상에서 없어지기까지 얼마나 걸릴까?
일회용 플라스틱 없는 마트는 없을까?

어려운 용어를 파헤치자! · 127
환경 호르몬 관련 사이트 · 128
신나는 토론을 위한 맞춤 가이드 · 129

환경 호르몬이 뭐지?

겨우 엄마의 허락을 얻어 아빠와 외삼촌, 그리고 모나와 바다 여행을 가게 된 우리.

하나하나 개별 포장. 일회용품 용기에 넣었다가 버리고 와야지.

1장
일회용품의 역습

🐟 아, 심심해

"아빠, 재미있는 일 없어요?"

방학이 끝나 가고 있었다. 건규는 집에만 있는 게 지루했다.

아빠와 외삼촌은 텔레비전을 켜 둔 채 작은 소리로 이야기를 나누고 있었다. 건규는 수상하다는 표정으로 아빠와 외삼촌을 지켜보았다.

"심심하단 말이에요. 모처럼 모나도 왔는데……. 집에만 있는 건 너무 억울해요."

"그래? 모나도 심심하니?"

옆에 있던 외삼촌이 거들었다.

"네, 심심해요. 우리 재미있는 곳으로 놀러 가요."

"모나가 어지간히 심심했구나. 그럼 어디 갈까?"

모나는 일본에 살고 있는 이모 딸인데 예쁘고 귀여운 동생이다. 방학을 맞아 한국에 놀러 왔는데 건규는 무엇이든 잘해 주고 싶었다. 또 재미있는 곳에 같이 가서 놀고도 싶었다.

건규는 아까부터 외삼촌과 아빠가 작은 소리로 비밀 이야기하는 것을 보고 좋은 생각이 떠올랐다.

"아빠, 혹시 바다에 안 가요?"

"바, 바다라니. 갑자기 그게 무슨 말이야?"

"아이참, 낚시 안 가냐고요."

"누가 낚시 간다고 그러니? 쉿, 엄마가 듣겠다."

아빠는 맛있는 걸 몰래 먹다가 들킨 사람처럼 흠칫 놀랐다.

아빠의 취미는 낚시다. 그런데 엄마는 가족 여행보다 낚시를 더 자주 간다고 싫어한다. 얼마 전 엄마에게 말하지도 않고 낚시를 다녀와 들킨 뒤로 한동안 엄마는 아빠에게 낚시 금지령을 내렸다.

"너희들, 잘 들어. 아이들에게 바다는 위험해. 익사 사고도 많이 나고 말이야. 그리고 우리는 낚시 갈 생각이 없어."

외삼촌이 아빠 편을 들고 나섰다. 아무래도 아이들을 떼어 놓고 둘이서만 갈 속셈인 듯 하다.

"그러니까 아빠와 외삼촌이 우리와 같이 가면 되잖아요. 같이 바다로 가요."

눈치를 챈 건규는 떼쓰기 시작했다.

"외삼촌, 데려가 주세요. 네? 한국의 바다가 보고 싶어요."

모나도 외삼촌 팔에 매달려 애원하기 시작했다.

"아니, 이 아이들이 왜 이래요? 갑자기 웬 바다?"

엄마는 건규와 모나가 떼쓰는 것이 이상하다는 듯 말했다.

"당신, 설마 낚시 가려는 거 아니에요?"

엄마는 무언가 눈치챈 듯 아빠를 쏘아보았다.

"아니야, 그럴 리가……. 당신이 금지령을 내렸잖아."

"그렇죠. 그럼 아이들이랑 놀이공원에나 다녀와요."

엄마도 모나가 한국에 와서 하루 종일 집에만 있는 게 안쓰러운 모양이었다.

"에이, 시시해. 또 놀이공원이에요? 모나야, 너는 다른 데 가고 싶지 않니?"

"그래요. 놀이공원은 많이 갔어요. 바다 보고 싶어요."

"일본은 사면이 온통 바다잖아. 한국 바다도 다를 게 없어!"

아빠는 평소와 달리 강하게 말했다.

"그런데 당신, 유난히 흥분한 것 같네요."

아빠는 원래 차분하게 말하는데 오늘은 누가 봐도 흥분한 티가 났다. 뭔가 들킨 사람 같았다. 숨긴 성적표가 들통 나기 전 건규의 모습처럼. 건규는 속으로 그때 자신의 모습을 보는 것 같아 흠칫 놀랐다.

건규는 이대로 두면 바다든 놀이공원이든 모두 물거품이 될 것 같았다. 엄마가 옷을 갈아입으러 방에 들어간 사이에 비장의 카드를 꺼내 들었다.

"아빠, 사실 난 다 알고 있어요."

"뭘, 말이냐."

아빠 눈이 동그래졌다.

"어제 외삼촌이랑 비밀 이야기한 거 다 들었어요."

"무슨, 네가 뭘 안다고."

외삼촌은 아니라는 듯 말했다.

"사실, 아빠와 외삼촌이 바다낚시를 갈 계획이라는 거 다 알아요. 그것도 엄마 몰래 말이죠."

요 며칠 사이에 아빠와 외삼촌이 자주 만나서 이야기를 나누었다. 모나가 한국에 왔다는 핑계로 말이다.

"우리가 그런 말도 안 되는 계획을 세운다고? 모나도 왔는데 우리끼리 몰래 간다는 생각을 어떻게 할 수 있어?"

"외삼촌은 그러고도 남아요."

외삼촌은 출판사를 다니다 그만둔 후 소설을 쓰겠다며 매일 집에만 있다. 심심했는지 낚시 계획도 외삼촌이 생각해 냈다.

"치사하게 우리만 두고 가시려 하다니! 엄마에게 다 말할 거예요!"

"뭔데? 나 불렀니?"

그때 안방 문이 열리면서 엄마가 나왔다. 엄마는 초능력이 있는 것 같다. 멀리서 '엄마'라는 소리만 들려도 금방 안다.

엄마가 안방에서 나오자 아빠와 외삼촌은 갑자기 긴장했는지 말 잘 듣는 아이처럼 자세를 고쳐 앉았다.

"당신 혹시 몰래 낚시 가려는 거 아니에요? 내가 당분간 낚시의 '낚' 자도 꺼내지 말라고 했죠? 모나도 심심할 텐데 좀 놀아 주라니까. 어떻

게 당신은 놀러 갈 생각뿐이에요?"

건규는 엄마의 잔소리가 길어진다고 생각했다. 엄마가 기분이 너무 안 좋으면 모나와 놀러 가는 것도 물거품이 되고 만다. 건규는 화살을 외삼촌에게 돌렸다.

"아빠는 잘못 없어. 다 외삼촌이 꾸민 일이야."

"그래, 맞아. 처남이 같이 낚시 가자고 막 꼬시더라고."

이때다 싶어 아빠는 죄가 없다는 듯 손사래를 치며 외삼촌과 떨어져 앉았다.

드디어 바다로

"놀이공원 가는 것보다 바다가 나아요. 그렇지, 모나야?"

"네. 놀이공원은 걸어 다니려면 힘들어요. 그런데 바다는 조용하고 시원해요. 또 자연과 함께 있는 거잖아요."

모나의 말을 듣고 엄마는 한참 생각하더니 말했다.

"모나가 심심한 건 알겠는데 바다는 안 돼. 너무 위험해. 너울성 파도도 심하고 말이야."

엄마는 어제 뉴스에서 너울성 파도로 낚시꾼들이 사고를 당했다는 소식을 들었다. 건규는 어떻게든 놀러 가야겠다는 마음에 이번에는 엄마 편을 들어야겠다고 생각했다.

"그럼요. 엄마 말씀이 다 맞아요. 어른들도 위험한데 우리 아이들은 더 위험하죠."

아빠는 배신 당한 표정으로 건규를 바라보았다.

"건규 너, 나중에 두고 봐."

외삼촌도 어이없다는 표정으로 건규를 쳐다보았다.

"아니, 왜 건규에게 야단이에요?"

엄마는 아빠와 외삼촌에게 한 발 다가서며 말했다.

"엄마, 파도가 위험하긴 해도 정말 바다가 보고 싶어요. 모나도 이렇게 간절히 원하고요."

"이모, 바다에 꼭 가고 싶어요. 한국에서 재미있게 지냈다고 하면 일본에 있는 저희 엄마도 좋아할 거예요."

엄마의 표정이 약간 흔들렸다. 건규는 이때다 싶었다.

"엄마, 바다가 위험하니까 아빠와 외삼촌이 우리 보호자로 따라가면 되잖아요."

"안 돼. 낚시에 정신 팔려 너희들을 보호하겠니?"

"제가 낚시 못 하게 할게요. 낚시하면 엄마한테 모두 이를게요."

"하기는, 바다에서 애들 안전 관리하면서 낚시하는 건 불가능하지."

아빠와 외삼촌은 그제야 건규의 속뜻을 알아차리고 투덜거리는 시늉을 내며 건규의 말에 맞장구를 치기 시작했다.

안 그래도 건규의 여름 방학에 맞춰 어디로 여행을 갈까 고민했던 엄마였다. 그런데 엄마는 회사 일이 너무 바빠서 휴가를 엄두도 못 내고 있었다.

"흐음, 그럼 나도 무리해서라도 휴가를 내서 가족 여행으로 같이 갈까요?"

"아니야, 당신은 회사에 할 일이 많다며? 그리고 사실 애들보다 당신이 더 위험해."

엄마도 따라온다는 말에 아빠는 깜짝 놀라 외쳤다.

"그럼 한 가지만 약속해요."

엄마는 이내 결심한 듯 진지한 표정으로 아빠에게 새끼손가락을 내밀었다.

"아이들과 같이 바다로 가는 건 좋은데 낚시는 안 돼요. 아이들 안전을 최우선으로 할 것."

"그럼그럼! 아이들 안전이 무엇보다 우선이지."

아빠는 얼른 새끼손가락을 걸고 맹세했다. 엄마는 반신반의하는 표정이었지만, 마지못해 바다 여행을 허락했다.

"예스!"

"이야, 바다로 간다!"

외삼촌과 모나 그리고 건규는 겨우 바다 여행을 가게 된 데 감격을 감추지 못했다.

🐟 플라스틱 용기는 최소로

"무슨 짐이 그렇게 많아요?"

"사람이 몇 명인데. 그래도 최대한 간단하게 싸고 있는 거야."

점심을 먹는 둥 마는 둥 숟가락을 내려놓자마자 아빠는 열심히 여행 짐을 쌌다. 큰 여행용 가방만 3개가 넘었다. 가방 하나는 옷으로 꽉 찼다. 겨우 하룻밤 자고 오는데 짐이 왜 이렇게 많은지 건규는 이해할 수 없었다.

"건규는 짐 다 쌌니?"

건규는 자신의 짐을 아빠에게 보여 주었다.

"저는 탐사 도구만 있으면 돼요. 옷은 아빠가 챙겼으니까요."

"그래도 두꺼운 겉옷만 더 챙겨. 밤에는 쌀쌀할 수 있으니까."

엄마가 반찬 통을 가득 들고 오면서 말했다.

"그게 뭐야?"

"1박 2일이지만 매번 사 먹기도 힘들 테고, 음식이 입에 안 맞으면 어떡해요. 모나와 건규가 좋아하는 반찬 몇 가지 쌌어요. 당신 좋아하는 것도 있어요."

엄마가 준비한 반찬 통을 보고 아빠는 깜짝 놀랐다. 모두 무게도 많이 나가고 부피도 상당해 보였지만 안 가져갈 수도 없었다. 힘들게 허락 받은 기회인데 엄마가 시키는 대로 무조건 해야 했다.

이때 외삼촌이 배낭 하나만 달랑 메고 들어왔다. 그러고는 엄마가 꺼내 놓은 반찬 통을 보고 입이 쩍 벌어졌다.

"반찬 통은 그냥 일회용에 담았다가 버리고 옵시다, 매형."

엄마가 준비한 반찬 통은 유리 그릇과 스테인리스 그릇들이었다. 아빠는 엄마 눈치를 보면서 플라스틱 통에다 반찬을 새로 담았다.

"이걸로 바꾸면 어때? 가볍고 좋잖아. 남은 쓰레기는 거기서 버리고 올게."

"플라스틱은 몸에 안 좋단 말이에요."

"왜 플라스틱이 몸에 안 좋은데?"

"환경 호르몬이 나온대요. 아무튼 다들 플라스틱이 몸에 안 좋다고 난리예요."

짐이 너무 무겁다고 투덜거리는 아빠의 요구에 엄마는 하는 수 없다며 몇 개만 플라스틱 용기로 교체했다. 그리고 집에 와서 분리수거 할 수 있도록 꼭 챙겨 오라고 당부했다.

 지난번 건규가 2박 3일 캠프를 갈 때는 엄마가 웬만한 건 모두 플라스틱이나 지퍼백에 넣어 주었다. 그런데 그때랑 지금이랑 엄마의 태도가 완전히 달라졌다.

 "당신, 낚시 도구 어디다 넣어 둔 거 아니에요? 그래서 무거운 거 아니에요?"

 "아냐, 다 필요한 것들이야. 보라고! 낚시 도구는 하나도 안 들어 있잖아."

진짜로 낚시 도구는 보이지 않았다. 이번만큼은 아빠도 낚시는 포기한 모양이라고 건규는 생각했다.

"사랑싸움 하는 거야?"

외삼촌이 아빠와 엄마가 여행 짐을 두고 말다툼을 하는 모습을 지켜보다 한 마디 거들었다. 건규는 어른들이 사랑하면서 싸움을 왜 하는지 이해할 수 없었다.

우여곡절 끝에 여행 짐은 저녁이 되어서야 겨우 마무리되었다.

 건규의 **환경 호르몬 노트**

동물에게도 위험한 환경 호르몬

1988년 한 해 동안 유럽 북해 연안에서 바다표범 1만 7천 마리가 폐렴 증세를 보이면서 죽었어요. 전기 절연체로 사용되는 PCB(폴리염화 바이페닐)에 의한 환경 호르몬 영향으로 면역력이 떨어졌기 때문이에요. 미국 오대호 유역 가마우지들의 기형도 속출했는데요, 한쪽 눈이 없기도 했고 장기가 몸체 바깥에 붙어 있곤 했대요. 이 역시 PCB가 원인이라고 해요.

또 암컷 조개에 수컷 성기가 달려 있는 것도 발견되었는데 그 원인은 선박용 도료로 사용하는 물질이었다고 해요. 이 모든 게 사람들에 의한 해양 오염으로 바다가 조금씩 죽어 가고 있기 때문이에요.

토론왕 되기!

일회용품 사용은 무조건 안 되는 걸까?

우리나라 국민 한 사람이 연간 배출하는 재활용 쓰레기 양은 생각보다 꽤 많아요. 2016년부터 1년간 조사한 전국 폐기물 통계에 따르면 한 사람이 하루에 버리는 폐기물은 거의 1kg에 가까운 양이랍니다. 일회용 컵의 경우에는 전국에서 한 해 동안 257억 개가 쌓인다고 하니, 그 양이 정말 어마어마하죠?

그동안 우리는 편하다는 이유로 일회용품을 무분별하게 사용해 왔어요. 시장에서는 비닐봉지를 손쉽게 사용할 수 있고, 직장인들은 하루에도 몇 번씩 일회용 컵에 음료를 담아 마셔요. 가정에서도 페트병에 담긴 생수를 정기적으로 배달해서 마시지요.

쓰레기 대란을 막으려면, 기업에서 친환경 제품을 만드는 노력도 필요하지만 소비자들도 일회용품 사용을 스스로 자제할 필요가 있어요. 일상생활에 필요한 물건들을 쓰고 나면 쓸모가 없는 쓰레기가 나옵니다. 음식물을 섭취하고 나서도 쓰레기가 나오고요.

대부분의 쓰레기들은 땅에 묻히면 일정 시간 후 썩어서 자연으로 돌아갑니다. 미생물의 활동으로 분해되어서 자연으로 돌아가는 것이지요.

하지만 현대 사회에서는 수백 년이 지나도 썩지 않는 쓰레기들이 쏟아져 나오고 있어요. 미생물이 분해할 수 없는 쓰레기들이 많이 만들어지고 있는 거예요. 그중 대표적인 것이 플라스틱류입니다.

쓰레기가 썩지 않으면 지구 환경은 어떻게 될까요? 우리가 살아가야 할 소중한 자연이 쓰레기로 몸살을 앓게 될 거예요. 그렇다고 편리하게 사용하고 있는 수많은 일회용품들을 무조건 쓰지 말아야 할까요?

찾아볼까요?

건규가 바다로 1박 2일 여행을 떠나기 위해 옷, 플라스틱 반찬 통, 플라스틱 물병, 일회용 커피믹스, 게임기, 컵라면, 쌀, 김치, 동화책, 버너, 코펠, 캠핑용 식기, 수영복, 플라스틱 유리병, 일회용 수저, 비닐봉투에 담긴 과자 등을 가방에 담으려고 합니다.
건규의 물건 중에서 플라스틱 성분이 포함된 물건을 모두 찾아보세요.

찾기 팁: 세재에 플라스틱 성분이 포함되어 있어요. 비닐, 스티로폼, 합성섬유 등도 플라스틱 표기 시 주의, 일부 고무들도 플라스틱이 있는듯요.

환경 호르몬이 뭐야?

🐟 어둠을 뚫고 미지의 세계로 출발!

드디어 바다로 여행을 가는 날이 왔다. 자동차로 4시간 달리고 또 배로 1시간을 가야 한다고 외삼촌이 서두르는 바람에, 날도 밝지 않았는데 출발하게 된 것이다.

"우아, 하늘이 참 멋있네요."

새벽하늘은 오묘한 느낌을 주었다. 어둠이 하나둘 물러나는 모습은 마치 새로운 세계로 들어가는 것 같았다. 마법의 세계로 이어 주는 통로, 시간 여행의 문, 뭐 그런 느낌?

"나는 이런 새벽에 여러 번 여행을 가 봤는데 오늘은 별거 아니야."

어제 여행 짐을 다 꾸리고 나자 대형이가 건규 집에 놀러 왔다. 바다 여행을 간다고 하니 자기도 따라가겠단다.

"너네 부모님이 허락해 주실지 모르겠다."

외삼촌은 부모님 허락을 받아 오면 데려가 주겠다고 약속했다. 하지만 그건 외삼촌의 실수였다. 대형이네는 건규 집과 아주 가깝게 지내는 사이다. 게다가 대형이 아버지는 다양한 경험을 위해서라면 대형이가 어디든 여행 가는 것을 적극 찬성하신다. 사실 대형이는 여행 간다는 것보다 예쁜 모나와 친해지고 싶어서 따라오는 건지도 모른다.

"같이 가도 된대요!"

5분도 안 걸려 대형이는 전화로 부모님의 허락을 받았다. 그리고 아빠에게 전화를 넘겨 줬다.

"아, 네. 안녕하셨어요? 아이들이 하도 심심해 하는 것 같아서 바다 낚…… 아니 바다 구경이나 갈까 해서요. 별 말씀을 다하십니다. 부담스럽지 않습니다. 건규 친구인데요. 걱정하지 마세요."

아빠는 전화를 끊고 한숨을 한 번 쉬었다. 아빠는 건규가 대형이에게 여행 사실을 말한 거라고 믿었다. 그렇지 않고는 어떻게 그 시각에 대형이가 집으로 찾아올 수 있었는지 설명이 되지 않았기 때문이다.

대형이와 건규는 단짝이다. 뭐든 늘 함께하는 친구 사이다. 태권도를 배울 때도 영어 학원을 다닐 때도. 그러니 이번 여행을 같이 가게 된 것도 운명이랄까.

어쨌든 가는 길은 그리 어렵지 않았다. 고속도로가 밀리지도 않았고 새벽이라 덥지도 않고 상쾌했다. 휴게소도 사람으로 북적이지 않아 좋았다.

"오빠, 바다야!"

얼마나 달렸을까. 창밖으로 바다가 보이기 시작했다.

"거의 다 왔다. 이제 배만 타면 된다."

"배요? 섬에 가는 거예요?"

"그래, 가끔 가던 섬이 있어. 그리고 아빠 낚시 도구도 섬 이장님 댁에 맡겨 두었지. 히히."

"아, 정말이요? 낚시 안 한다면서요!"

건규는 아빠를 못 말리겠다고 생각했다.

배로 얼마를 더 달려 아빠가 낚시 도구를 맡겼다는 이장님 집에 도착했다. 이장님은 검게 탄 얼굴에 마르면서 다부진 모습이었다. 건규는 앞으로 뱃사람이라고 하면 이장님 모습이 떠오를 것 같았다. 건규네는 도구를 챙겨서 이장님의 배를 타고 바다로 나갔다.

벌써 고기잡이를 끝내고 들어오는 배들이 있었다. 새벽 바다의 공기는 차갑도록 신선했다. 온몸이 상쾌했다.

"저기 저 섬이다."

외삼촌이 가리키는 곳에 한 번도 본 적이 없는 바위가 웅장하고 환상

적인 모습으로 나타났다.

"우아, 영화에서 본 것 같아."

"마법사가 살 것 같아."

"멋있지? 사람이 살지 않는 무인도야. 우리끼리만 낚시할 수 있어서 자주 찾는 곳이야."

아빠는 비밀 장소를 보여 주는 것처럼 으스댔다.

무인도는 그리 크지는 않았지만 특이하게 섬 중앙에 나무들이 우거지게 자라는 숲이 있었다.

"해적 영화에 나오는 정글 같지 않니?"

섬에 도착하자마자 대형이는 벌써 해적이 되어 있었다. 건규도 파도가 치는 바닷가에 서 있는 자신의 모습이 마치 선장 같아 괜히 두 다리에 힘이 불끈 들어갔다.

 바닷새의 죽음

"여기가 좋겠어요."

"그러게. 대어를 낚아야 하는데."

아빠와 외삼촌은 갯바위에서 낚시 준비를 했다. 지난번 낚시에서는

별 재미를 보지 못했다. 이번에는 지난번 몫까지 고기를 낚겠다 장담하면서 꼼꼼히 준비했다.

"너희들, 해적의 숨겨진 보물에 대해서 들어 본 적 있니?"

접이식 낚시 의자를 펼치던 외삼촌이 흥미진진한 이야기를 꺼내기 시작했다.

"아뇨, 그게 뭔데요?"

아이들은 초롱초롱한 눈으로 외삼촌을 바라보았다.

"옛날에 우리나라에도 해적이 있었어. 조선 시대에는 도자기며, 금화에 비단까지 싣고 외국으로 무역하던 배가 많았지. 그 무역선을 노리는 해적들도 있었고. 어느 날 무역선의 물건을 빼앗은 해적선이 풍랑을 만나 가라앉아 버렸대. 그런데 세월이 흐르고 그 사실이 알려지자, 사람들이 바닷속을 뒤져서 도자기며 금화를 건져 올렸다지 뭐야. 텔레비전 뉴스에도 나왔어."

"그래. 나도 뉴스에서 본 것 같아."

외삼촌의 얘기에 아빠도 고개를 끄덕이며 맞장구쳤다. 하지만 건규는 동화에나 나오는 이야기라고 생각했다.

"정말이에요? 보물이 아직 바닷속에 남아 있을까요?"

대형이는 손뼉을 치며 좋아했다.

"그럼. 그런데 몇몇 해적들이 간신히 살아남아서 보물 일부를 이 근

처 어느 섬에 숨겨 두었다는 이야기가 있어. 정확히 어느 섬인지는 모르지만……."

"혹시 이 섬이 아닐까?"

대형이는 건규를 바라보며 침을 꼴딱 삼켰다.

외삼촌은 의미심장하게 웃었다.

"너희들 『보물섬』이라는 책 알지? 이 섬이 보물섬일 수도 있어."

"그래. 한번 찾아봐. 건규, 너 탐험 좋아한다며?"

"좋아하죠. 이 섬에 숨겨 둔 보물이 있을 거 같기는 해요. 얍! 얍! 내가 보물을 다 찾아 버릴 거야."

"내가 해적이라도 이런 곳에 보물을 숨길 것 같아."

건규와 대형이는 태권도 발차기를 하며 보물 찾을 준비를 끝냈다.

"내가 먼저 보물을 찾을 거야."

건규와 대형이와 모나는 보물을 찾기 위해 섬 이곳저곳을 둘러보기로 했다. 섬 탐험을 하기로 한 것이다.

"너무 멀리가면 안 된다."

아빠는 낚싯대에 시선을 고정한 채 아이들에게 당부했다.

"저기 반짝이는 것이 있어!"

대형이가 소리치며 뛰어갔다.

"어디? 어디?"

"같이 가!"

대형이가 가리킨 곳으로 숨을 헐떡이며 아이들이 모여들었다. 그런데 대형이가 본 것은 반짝이는 깡통이었다. 실망감이 밀려왔다. 대형이도 멋쩍어 했다.

"여기 뭐가 있는 것 같아."

주위를 두리번거리던 모나가 나무 밑을 가리키며 소리쳤다. 건규는 가지고 간 막대로 나무 밑을 열심히 파 보았다.

"에이, 이게 뭐야. 쓰레기잖아."

쓰레기는 온통 플라스틱과 합성수지를 원료로 한 제품들이었다.

비닐은 나무뿌리에 엉겨 붙어 있었고, 쥐 같은 설치류나 조류와 야생동물들이 냄새를 맡고 파헤친 흔적이 역력했다. 플라스틱을 물어뜯은 자국도 보였다.

"건규 오빠, 저기 이상한 게 있어."

모나가 어딘가를 가리켰다.

"어디?"

건규와 대형이는 모나가 가리키는 모래사장으로 달려갔다. 사실 건규는 약간 무서웠지만 탐험 대장으로서 용감함을 보여 주어야 한다고 생각했다.

"으악, 징그러."

모래사장에는 갈매기처럼 생긴 바닷새가 죽어 있었다. 파도에 떠밀려 온 모양이었다. 모나는 두 손으로 얼굴을 가렸다.

"죽은 건가?"

대형이는 궁금했지만 선뜻 다가가지 못했다.

바닷새의 배에는 병뚜껑, 작은 플라스틱 알갱이, 알 수 없는 비닐봉지, 부스러진 스티로폼 등이 가득했다.

 건규의 **환경 호르몬 노트**

바닷새는 왜 플라스틱을 먹고 죽었을까?

바닷새뿐만 아니라 각종 물고기, 바다거북, 고래 등 바다 생물 모두 플라스틱을 먹이로 착각해서 섭취할 수 있어요. 먹이 활동 과정에서 섭취한 비닐과 플라스틱류는 소화나 배출이 되지 않아요. 그래서 바다 생물의 배에 그대로 남게 되지요.
바다 생물이 플라스틱을 먹이로 착각하는 이유는 크기가 작고 반짝반짝 빛이 나서 쉽게 눈에 띄기 때문이에요. 또 사람들이 낚시, 그물 등으로 물고기 같은 바다 생물의 먹이를 많이 잡아 버려서 먹을 게 부족해진 것이 원인이지요.

피해를 입은 바다거북

"아무리 먹을 게 없어도 어떻게 이런 걸 먹지?"

"소화가 안 될 텐데."

건규와 대형이는 비참한 모습의 바닷새를 바라보면서 불쌍한 생각이 들었다. 병뚜껑이나 비닐을 먹다니 정말 이해하기 어려웠다.

"굶어 죽은 걸 수도 있어. 쓰레기들로 배가 가득 차서 다른 걸 먹을 수가 없었을 거야."

모나의 말을 들어 보니 그럴듯했다. 하지만 분명 미스터리한 일이다.

건규와 대형이와 모나는 잠시 동안 아무 말도 할 수가 없었다.
　아이들은 아빠와 외삼촌이 믿어 주지 않을 것 같아서 카메라로 사진을 찍어 두기로 했다. 대형이가 사진을 찍었다. 건규는 보물 대신에 괴이한 사진을 빤히 들여다봤다.
　'그런데 바닷새는 왜 플라스틱을 먹고 죽었을까?'
　건규는 무척 궁금했다.

🐟 플라스틱 섬?

건규는 보물섬에 대한 기대를 점점 잃어 가고 있었다.

"누가 이런 곳에 와서 쓰레기를 버리고 가는 거야. 자기 쓰레기는 다시 가져가야 한다는 걸 어떻게 모를 수 있지?"

섬은 바다에서 보았을 때와 달리 곳곳이 쓰레기로 덮여 있었다. 보이지 않는 바위틈, 나무 밑동, 그리고 해변가에 쓰레기가 가득했다.

"여긴 무인도야. 그러니까 이곳을 찾아온 관광객이나 낚시꾼들이 버린 거야."

건규는 어서 아빠와 외삼촌에게 가서 쓰레기를 버리지 못하게 해야겠다고 마음먹었다.

"그래도 탐험은 계속해야지. 진짜 보물이 있을지 누가 알겠어?"

"플라스틱 쓰레기가 더 안 나오면 다행이지."

대형이 말대로 보물 탐험이 아니라 쓰레기 탐험이 되었다. 가는 곳마다 플라스틱 쓰레기밖에 보이지 않았다. 플라스틱은 썩지도 않나 보다. 이렇게 사방 천지에 널려 있는 걸 보니.

섬 탐사를 끝내고 아빠가 있는 갯바위로 돌아왔다. 이곳에서도 쓰레기가 눈에 들어왔다. 곳곳에 라면 봉지, 생수통, 낚싯줄, 스티로폼으로 된 어구 등이 버려져 있었다. 그중 가장 많이 눈에 띄는 것이 플라스틱과 비닐봉지였다.

"보물섬이라고 해서 좋아했는데 온통 비닐봉지, 플라스틱들뿐이에요. 너무 더러워요."

"어떡하냐. 이 섬만 그런 게 아니야. 섬이나 해안가에는 플라스틱 쓰레기들이 많아."

건규의 짜증에 아빠는 흔한 일이라는 것처럼 대답했다.

"얘들아, 진짜 플라스틱으로 된 섬이 있는 거 아니?"

"섬이 플라스틱으로 되어 있다고요? 거짓말."

"그런 섬이 어디 있어요? 말도 안 돼."

"이 녀석들이 외삼촌 말을 안 믿네. 사진을 보여 주지."

외삼촌은 스마트폰을 꺼내 실제 플라스틱 섬이라며 사진을 보여 주었다.

"우아! 이거 진짜 있는 섬이에요?"

"합성 아니죠?"

"태평양 어딘가에 실제 플라스틱 섬이 있단다. 미국 캘리포니아에서 하와이 방향으로 6000㎞를 가면 볼 수 있다고 해."

플라스틱 섬은 바다에 떠다니던 플라스틱이 한곳에 모여 섬처럼 떠 있는 것이라고 했다. 제주도보다 크다고 하는데, 아이들은 두 눈으로 보고도 믿을 수가 없었다.

플라스틱이 우리에게 돌아오는 과정

플라스틱이 발명되기 전에 우리는 돌과 나무, 철이나 가죽 등 천연 재료로 물건을 만들었어요. 이러한 천연 재료를 가공하는 데는 시간과 비용이 많이 들어요. 그러다 100여 년 전 인간은 플라스틱이라는 물질을 개발했지요. 플라스틱은 신이 주신 선물이라고 할 정도로 일상을 편리하게 만들었어요.

하지만 우리는 플라스틱이 어떠한 문제점을 안고 있는지 미처 예상하지 못했어요. 《사이언스 어드밴스》라는 학술지에 1950년부터 2015년까지 약 83억 t의 플라스틱이 새로 만들어졌다는 연구 결과가 발표되면서 사람들은 큰 충격을 받았어요. 플라스틱 쓰레기 중 재활용된 것은 9%에 불과하고, 79%가 매립되거나 산이나 바다에 버려졌다는 내용이었죠. 나머지는 소각 처리되었고요.

버려진 플라스틱은 어떻게 되었을까요? 플라스틱 빨대가 콧구멍에 꽂힌 바다거북이 괴로워하기도 하고, 비닐과 엉킨 끈 뭉치 등의 해양 쓰레기를 먹어 뱀머리돌고래가 폐사하기도 했습니다.

버려진 플라스틱과 폐비닐은 분해가 잘 되지 않아 바다를 표류하다 해양 생물에게 위험을 끼치기도 하고, 미세 플라스틱으로 잘게 부서져 우리가 먹는 오징어나 생선의 몸속으로 들어가기도 해요. 결국 인간에게 최악의 형태로 되돌아오는 것이지요.

플라스틱 섬이 있다고?

지금 지구는 1분마다 트럭 1대 분량의 플라스틱이 바다로 흘러간다고 해요. 바다에 떠다니는 플라스틱 조각은 약 5조 개로, 해류가 순환하는 곳에는 플라스틱 쓰레기 섬이 생길 정도이지요.

1997년 미국인 찰스 무어 선장이 미국 LA에서 하와이까지 요트로 횡단을 했어요. 그런데 지도에도 없는 플라스틱 쓰레기로 이뤄진

섬을 발견하고 《LA타임스》에 알렸지요. 그 섬은 '태평양 대쓰레기장(GPGP: Great Pacific Garbage Patch)'이라고 불립니다.

2018년 환경 단체인 오션클린업파운데이션이 3년간 GPGP를 조사했는데, 섬을 이루고 있는 플라스틱 쓰레기의 개수는 약 1조 8000억 개, 무게는 8만 t에 이르렀다고 해요. 이는 남한 면적의 15배예요. 주변 지역에서 잡힌 물고기의 35%가 배 속에서 미세 플라스틱이 나왔고요. 그렇게 플라스틱 섬이 세상에 알려지고 2017년 광고 제작자 마이클 휴와 달 데반스 드 알메이다, 그리고 환경 운동가들은 이 섬을 국가로 인정해 달라고 UN에 요청했어요. 이 섬은 국기·여권·화폐·우표도 있어요. 화폐에는 플라스틱 그물에 목이 칭칭 감긴 바다사자와 갈매기, 플라스틱 바다를 헤엄치는 고래의 모습이 담겨 있지요. 환경 운동가들이 이처럼 플라스틱 섬을 국가로 만들고, 화폐 등을 만든 이유는 환경오염의 심각성을 알리기 위해서예요. 그 덕분에 이 문제에 관심을 갖고 국민으로 등록한 이들이 20만 명이 넘는다고 해요.

자료: 마이클 휴와 달 데반스의 홈페이지

환경 호르몬이 뭐야?

"어머, 신기해라. 여기에 일본 음료수 병이 있어."

모두들 외삼촌의 스마트폰에 정신이 팔려 있는 사이, 주위를 살피던 모나가 플라스틱 음료수 병 하나를 주우며 말했다.

모나는 한국의 바다, 그것도 무인도에서 일본 음료수 병을 보는 것이 무척 신기했나 보다.

"여기는 더 신기한 게 있어. 아주 재미있는 글자야."

건규도 다른 나라의 글자가 인쇄된 플라스틱 병을 주워 들었다. 건규와 모나와 대형이는 누가 먼저라고 할 것도 없이 플라스틱 음료수 병을 모으기 시작했다. 그렇게 하나둘 모아 놓은 플라스틱 병을 자세히 보니 중국, 일본, 필리핀 등 여러 나라에서 사용하던 것들이었다. 잠깐 모았는데도 수북이 쌓일 정도였다.

"더럽게 그런 걸 만지고 그러니? 어서 버려."

아빠는 낚시가 잘 안 되는지, 찢어진 플라스틱 음료수 병을 이리저리 만지고 있던 건규에게 괜히 짜증을 부렸다.

"건규야, 그거 만지지 마! 환경 호르몬 나와."

플라스틱 음료수 병을 줍기 위해 조금 멀리 갔던 대형이가 달려오면서 건규에게 소리를 질렀다. 깜짝 놀란 건규는 황급히 병을 집어던졌다.

"플라스틱을 만진다고 무슨 병이 생기냐?"

"플라스틱에서 환경 호르몬 나오는 거 몰라서 그래?"

"환경 호르몬? 그게 뭔데? 우리가 아는 호르몬과 다른 거야?"

"그러고 보니 엄마도 환경 호르몬 이야기를 했던 것 같아."

건규는 어제 엄마가 했던 말이 문득 떠올랐다.

 건규의 **환경 호르몬 노트**

플라스틱을 만지기만 해도 환경 호르몬이 나올까?

플라스틱을 만지는 것만으로 환경 호르몬이 우리 몸에 스며드는 것은 아니에요. 하지만 미세 플라스틱을 먹은 생선을 우리가 먹음으로써 우리 몸에 들어올 수도 있고, 플라스틱이 녹아 내리면서 피부를 통해 스며들 수도 있지요. 환경 호르몬은 대개 화학 물질에서 검출됩니다. 인류는 현재까지 약 1억 종의 화학 물질을 개발해 사용하고 있는데, 이런 화학 물질을 통해 우리는 환경 호르몬을 일상에서 쉽게 접하게 되지요.

대표적인 환경 호르몬은 비스페놀A(BPA), 프탈레이트(phthalate), 노닐페놀(NP) 등이에요. 이 중 비스페놀A는 열을 받으면 딱딱해지는 플라스틱을 유연하게 만드는 물질이에요. 따라서 열을 받으면 녹아내리는 플라스틱 제품에는 사용하지 않지요. PP나 PE라고 표기되지 않은 일회용 플라스틱 제품은 비스페놀A가 검출될 수 있으니 조심해야 해요.

"그럼, 호르몬이랑 환경 호르몬은 많이 다르지. 건규가 아직 그 차이를 잘 모르는구나."

가만히 듣고 있던 외삼촌이 끼어들었다. 외삼촌은 환경 호르몬에 대한 이야기가 물고기 잡는 것보다 흥미가 있었나 보다.

"먼저, 환경 호르몬은 말이다……."

외삼촌의 눈빛이 초롱초롱해졌다.

"우리 몸에는 내분비계라는 게 있는데……."

"외삼촌, 내분비계가 뭐예요?"

모나는 낯선 이름이 궁금했다. 대형이가 목청을 가다듬었다.

"내가 설명해 줄게. 내분비계라는 것은 말이야, 호르몬을 만들어 내는 세포나 조직으로 이루어진 우리 몸의 기관들을 말하는 거야."

대형이는 모나에게 설명을 하고는 외삼촌의 표정을 살폈다.

"그래, 맞아. 대형이가 설명을 잘했네."

외삼촌의 칭찬에 대형이는 어깨가 으쓱했다.

"환경 호르몬은 그런 내분비 계통에 이상을 가져올 가능성이 있는 물질을 말하는 거야."

"아! 입질 왔다."

찌가 흔들리는 낚싯대를 아빠가 재빨리 낚아챘다.

"아이참. 모처럼 온 신호인데 놓쳐 버렸네. 이게 다 처남 이야기 들다가 생긴 일이야."

"하하, 제 핑계를 대시다니! 어차피 못 낚을 거였어요."

"이모부는 낚시 잘하는 줄 알았는데……."

모나까지 실망하는 투로 말하자 아빠는 시무룩해졌다.

그러거나 말거나 외삼촌은 계속 설명을 이어 갔다.

"환경 호르몬은 내분비계를 교란하는 물질인데 정상적인 호르몬이 우리 몸에서 만들어지거나 작용하는 것을 방해하지. 가짜 호르몬으로 사람들의 건강과 생식 작용에 영향을 주는 화학 물질이야."

외삼촌은 최근에 이러한 환경 호르몬이 문제가 되고 있는 이유는 화학 물질 생산이 급격하게 늘어나고 있기 때문이라고 했다. 농약이나 살충제, 플라스틱, 통조림 캔 등 일상생활에서 많이 사용하는 물질에 거의 환경 호르몬이 들어 있다는 것이다.

"그래서 아까 대형이가 플라스틱을 만지면 환경 호르몬이 나온다고 했구나?"

건규는 플라스틱 음료수 병을 만진 손을 잽싸게 바지에 문지르기 시작했다.

"역시 대형이밖에 없어. 베스트 프렌드야."

"단순히 플라스틱을 만진다고 환경 호르몬에 노출되는 건 아니야."

외삼촌이 웃으며 이야기했다. 그래도 건규는 환경 호르몬 경고를 해

준 대형이를 아주 고마운 눈빛으로 쳐다보았다.

진짜 호르몬과 가짜 호르몬

"외삼촌, 환경 호르몬하고 그냥 호르몬하고는 어떤 차이가 있어요?"
"그래요. 같은 호르몬 아니에요?"
"환경 호르몬도 호르몬의 일종이지만 아닐 수도 있어."
외삼촌은 알아듣기 힘든 말을 했다.
"호르몬인데 아니라니, 그럼 뭐예요?"
"에휴, 모르겠다. 고기는 안 잡히고 나도 너희들하고 놀아야겠다."
결국 아빠도 합류했다. 아빠는 취미 및 특기가 낚시라고 했는데 아무래도 특기는 아닌 것 같다. 여기 와서 한 마리도 못 잡은 걸 보면.
"아……. 한마디로 가짜 호르몬이라는 이야기네."
아빠가 아는 척했다.
"아까 대형이가 내분비계 얘기했지? 그 기관에서 나오는 호르몬은 우리 몸의 각 기능을 정상적인 상태로 유지시켜 주고, 어린이들의 키를 자라게 하거나 남성과 여성이 가지고 있는 성적 특징을 드러나게 하는 등의 역할을 해."

외삼촌이 덧붙여 말했다.

"사람들이 간혹 갑자기 화를 내거나 울거나 하는 것도 호르몬의 영향이야."

아빠가 다시 말했다.

"아하! 엄마가 며칠 전에 그런 것도 호르몬 때문이었네요."

"아니, 그건 네 성적표 때문이지."

"오빠는 공부 못하는구나?"

모나가 건규에게 말했다.

"아니야. 태권도 하느라 컨디션이 안 좋아서 그래."

외삼촌은 호르몬을 분비하는 곳들을 통틀어 내분비샘이라고 하는데, 분비된 호르몬은 혈액을 통해 온몸으로 보내진다고 했다. 혈액을 따라 몸속을 도는 호르몬은 종류에 따라 필요로 하는 기관으로 들어가 각자의 특성에 맞는 작용을 일으킨다는 것이다.

사람마다 키가 다르고 생김새가 다른 것은 유전적인 요인도 있지만, 호르몬의 역할도 크게 작용한단다.

"나는 비만 호르몬이 너무 강하게 나오나 봐."

대형이는 불룩 나온 배를 쓰다듬으며 스스로 위로했다.

"그건 오빠가 너무 많이 먹어서 그런 거 아냐?"

"내가 그런가?"

"그런데 대형이 너는 왜 얼굴이 빨개지니?"

건규가 놀리듯 말하는데, 대형이가 화를 내지 않았다. 평소 같으면 버럭 화를 내거나 삐칠 텐데 그냥 웃고만 있었다. 모나가 '오빠'라고 불러서 기분이 좋아졌나? 하고 건규는 생각했다.

"대형이처럼 이성 앞에서 자기도 모르게 얼굴 빨개지는 것도 호르몬의 영향이야."

외삼촌이 호르몬의 역할에 대해 설명을 곁들였다. 그런데 환경 호르몬은 진짜 호르몬인 것처럼 위장해서 우리 몸 각 기관에 영향을 미친다

 건규의 **환경 호르몬 노트**

진짜 호르몬과 환경 호르몬

환경 호르몬은 내분비계 교란 물질입니다. 유기 용제, 플라스틱 등 인공 화합물에서 발생하는 화학 물질 중, 우리 몸에 들어가서 호르몬과 유사한 작용을 하여 우리 몸속 기관들의 기능을 혼란시키는 물질을 말하지요.

우리 몸의 정상적인 호르몬과는 다르지만 마치 같은 것처럼 인식되게 하는 가짜 호르몬이라 할 수 있어요. 1997년 5월, 일본 학자들이 방송에서 "환경 중에 배출된 화학 물질이 생물체 내에 유입되어 마치 호르몬처럼 작용한다"고 말해 환경 호르몬이라는 이름이 붙었어요. 원래 정확한 명칭은 '외인성 내분비 교란 화학 물질'이에요.

반면에 호르몬은 우리 몸의 각종 분비샘에서 순환계를 통해 장기로 이동되는, 인간의 여러 생리 현상과 행동을 조절합니다. 특히 신체의 생리적 기능과 항상성 유지에 필수적인 것으로, 내분비계의 중심적 요소가 되지요.

사람에게는 약 50가지 호르몬이 존재한다고 알려져 있는데 진짜 호르몬의 작용에 환경 호르몬이 영향을 미친다면 건강에 나쁜 피해를 줄 수밖에 없어요.

세계보건기구(WHO)가 2012년 환경 호르몬으로 꼽은 화학 물질은 다이옥신, 비스페놀A, 스티렌다이머, PCB(폴리염화 바이페닐), 폴리카보네이트, 프탈레이트 등 176개나 된다고 해요. 어쩌면 우리 주변의 모든 화학 물질에 해당될지도 몰라요. 그러므로 일회용품의 사용을 줄이고, 화학 성분이 많이 들어간 제품은 가급적 사용하지 않는 게 환경 호르몬을 피하는 가장 좋은 방법이랍니다.

고 했다.

"우리 몸이 정상적인 작용을 하지 못하도록 방해하는 물질이 환경 호르몬이야. 그러니까 가짜 호르몬인 거지."

"플라스틱에서 어떻게 환경 호르몬이 나오는 거예요?"

건규는 스마트폰으로 환경 호르몬에 대해 검색했지만 무인도라 그런지 전파가 잡히지 않아 검색이 잘 되지 않았다.

"여길 봐."

외삼촌은 차갑게 얼린 플라스틱 병을 보여 주었다. 아빠가 밤새 얼린 걸 아침에 챙겨 온 것이었다. 외삼촌은 이렇게 갑자기 얼리거나 팔팔 끓인 물을 부어 급격하게 플라스틱의 온도가 변하면 환경 호르몬이 발생할 확률이 높다고 했다.

"어, 전파가 잡혔어요. 검색해 보니 미세 플라스틱이라는 말도 있는데요. 플라스틱보다 미세 플라스틱이 더 무섭다고 나오는데요?"

대형이가 외쳤다.

"미세 플라스틱은 또 뭐야? 플라스틱이 작게 쪼개진 건가?"

"그래 맞아. 여기에 5㎜ 미만 크기의 작은 플라스틱 조각을 말한다고 나와 있어."

대형이는 스마트폰을 보여 주며 씨익 하고 웃었다.

어떻게 주변국의 제품들이 우리나라 섬에서 발견될까?

태평양 한가운데 플라스틱 섬이 생기는 이유는 바람과 해류 때문입니다. 북태평양 지역에서 시계 방향으로 바닷물이 순환해 생기는 일종의 소용돌이 현상 때문에 쓰레기가 한곳으로 모인다고 해요.

인간이 만들어 낸 플라스틱이 바다로 흘러간 후 해류를 만나 바다 위 거대한 쓰레기 섬이 만들어지는 거예요. 다시 말해 바람의 힘과 지구의 자전으로 만들어진 해류를 타고 바다의 쓰레기들이 커다란 섬을 이룰 만큼 한곳으로 모여드는 것이랍니다. 그래서 내가 버린 쓰레기가 다른 나라로 흘러 들어가게 되고, 다른 나라의 쓰레기가 우리나라에서 발견되는 것이지요.

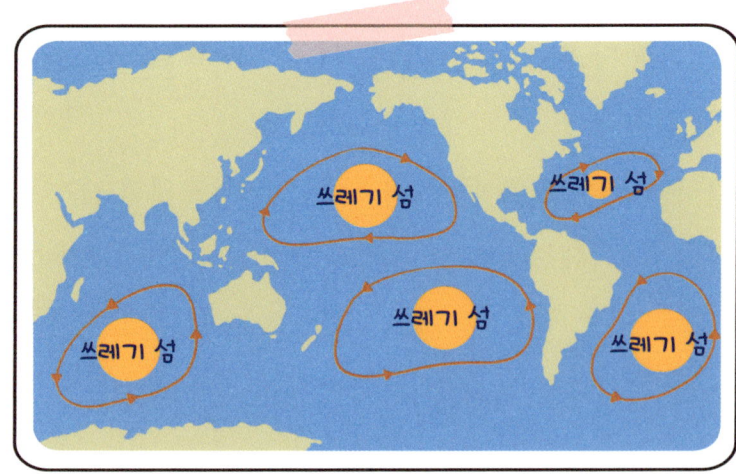

세계에는 얼마나 많은 쓰레기 섬이 있을까?

지구의 대양에는 태평양 대 쓰레기장을 포함해 5개의 거대한 쓰레기 섬이 존재한다고 해요. 유엔 환경 계획(UNEP) 등에 따르면 1950년대 이후 전 세계적으로 무려 83억 t의 플라스틱이 생산됐다고 해요. 문제는 이 중 50억 t이 매립장으로 가거나 바다로 배출됐다는 점이지요. 현재도 전 세계에서 매년 3억 t의

생활 폐기물 분해 기간 (100년 이상)	
스티로폼	500년 이상
플라스틱 백	500년 이상
플라스틱 용기	500년 이상
플라스틱 통	500년 이상
플라스틱 캔	500년 이상
칫솔	100년 이상
일회용 기저귀	100년 이상
금속캔	100년

플라스틱 제품이 생산되고, 이 중 1000만 t이 바다에 버려진다고 하니, 정말 어마어마하죠?

일단 플라스틱을 비롯한 쓰레기가 바다로 가 버리면, 손쓸 방법이 별로 없어요. 너무 양이 많아서 거두어들이는 비용과 시간을 감당할 수 없는 것이지요. 무엇보다 플라스틱 생산을 줄이고, 재활용과 폐기 방식을 잘 관리하는 게 중요해요. 소비자들도 이왕이면 일회용 플라스틱 제품보다 재사용이 가능한 물품을 이용하고 분리수거를 철저히 해야 할 거예요.

플라스틱의 경우 완전히 분해되는 데 수백 년이나 걸리는데, 이런 화학 물질들이 바다와 땅으로 계속 들어가면 우리 지구는 어떻게 될까요? 우리 인간의 삶은 어떻게 될까요?

O, X 퀴즈

건규와 모나, 대형이가 환경 호르몬에 대한 자기 생각을 말하고 있네요.
맞으면 O, 틀리면 X로 표시해 주세요.

건규
"환경 호르몬은 플라스틱을 만지기만 해도 우리 몸에 들어와. 절대 만지면 안 돼!"

모나
"환경 호르몬에 노출되면 성조숙증이 나타날 수 있대."

대형
"환경 호르몬은 우리 몸에 들어와서 진짜 호르몬처럼 작용하는데 몸에 나쁜 영향을 끼치니까 위험한 거야."

정답: 건규 X, 모나 O, 대형 O

플라스틱은 누가 만든 거야?

🐟 죽음의 플라스틱 알갱이

"미세 플라스틱은 얼마나 작은 거예요?"

"요만큼? 아님 요만큼?"

모나는 검지손가락 마디를 가리키다가 외삼촌이 고개를 젓자 다시 손톱 끝을 가리켰다. 외삼촌은 그런 모나가 귀여운지 입가에 웃음이 멈추질 않았다.

"미세 플라스틱은 5㎜ 이하니까 이 정도로 크기가 매우 작아."

외삼촌은 이쑤시개 끝을 잡고 말했다.

"그렇게 작아요?"

"그래, 너무 작아 하수 처리 시설에서 걸러지지 않고 바다와 강으로 그대로 흘러 들어간단다."

"그렇게 작으면 아무런 문제도 안 생기겠는데요?"

"아니야. 작아서 더 문제가 된단다. 물고기들이 먹이로 잘못 알고 먹으니까 큰 문제가 되는 거야. 미세 플라스틱은 동물의 몸에 한 번 들어가면 밖으로 잘 배출이 되질 않거든."

"그 물고기를 먹은 다른 동물이나 인간에게도 축적될 수 있다는 이야기네요?"

건규가 걱정스럽게 물었다.

결국 인간처럼 먹이 사슬 최상위층에 있는 동물이 자연히 많은 양의 미세 플라스틱을 먹게 되는 셈이었다.

건규는 왠지 불안했다. 그동안 아빠가 가져다준 물고기를 얼마나 많이 먹었는지 생각하니 속이 불편해졌다. 그리고 오늘도 아빠가 물고기를 잡으면 또 먹어야 한다고 생각하니 꺼림칙했다.

'괜찮아. 아직 한 마리도 잡지 못했어. 오늘은 아빠가 고기를 못 잡을 거야.'

"건규야, 넌 우리가 물고기를 못 잡는데도 기분이 좋은 것 같다."

외삼촌은 건규가 무슨 생각을 하는지 다 알고 있다는 듯 미소 지으며 말했다.

"네?"

건규는 깜짝 놀랐다. 어떻게 건규의 마음을 알았을까?

"물고기만 피한다고 미세 플라스틱에서 자유로울까?"

갑자기 외삼촌이 놀라운 이야기를 꺼냈다. 미세 플라스틱이 바다가 아닌 다른 곳에서도 나온다는 말인가? 물고기가 아닌 다른 동물에서도 검출되는 건가? 연어를 좋아하는 곰? 물고기를 잡아먹는 바닷새? 그런데 곰이나 바닷새는 사람이 먹지 않는 동물인데?

"너희들, 오늘 아침에 이 닦았지? 샴푸로 머리도 감았지? 비누로 세수도 했지?"

외삼촌이 뜬금없이 물었다. 사실 건규는 머리를 잘 감지 않는 편이어서 괜히 뜨끔했다.

"네. 여행 간다고 깨끗하게 씻었어요."

건규는 머리 감지 않은 것이 들킬까 봐 얼른 대답했다.

"치약, 세정제, 샴푸에도 미세 플라스틱이 들어 있어."

 건규의 **환경 호르몬 노트**

미세 플라스틱, 얼마나 위험할까?

미세 플라스틱(microplastics)은 의도적으로 제조되었거나 또는 기존 제품이 조각 나서 미세화된 크기 5㎜ 이하의 합성 고분자 화합물을 말해요. 미세 플라스틱은 의도적으로 제조되기도 하는데요, 세안제와 치약에 들어 있는 스크럽제(마이크로 비즈로 불림), 공업용 연마제 등이 이에 속해요.

그리고 플라스틱 제품이 사용되는 과정이나 버려진 이후에 인위적인 행위나 자연 풍화에 의해 조각 나면서 미세 플라스틱으로 모습을 바꾸지요.

한 연구에 따르면, 한 사람이 일주일에 먹는 플라스틱 양이 신용 카드 1장 분량이라고 해요. 한 달이면 칫솔 한 개 분량을 꿀꺽! 상상만 해도 끔찍하죠? 세계 보건 기구가 추정한 하루 소금 소비량은 10g 정도인데요, 특히 아시아에서 만든 소금에서 가장 많은 미세 플라스틱이 나왔다고 해요. 국내산 소금에서도 1㎏ 당 미세 플라스틱이 200개가 넘게 나왔다고 하니, 바다에 녹아 있는 양은 얼마나 많을지 짐작이나 할 수 있을까요?

이 같은 문제의 심각성 때문에 전 세계적으로 미세 플라스틱 사용을 규제하는 법안들이 통과되고 있답니다. 미국에서는 2015년부터 물로 씻어 내는 제품에 미세 플라스틱을 사용할 수 없도록 했으며, 스웨덴에서는 화장품에 미세 플라스틱 사용을 금지하고 있어요. 우리나라는 2017년 7월부터 미세 플라스틱을 화장품에 사용할 수 없도록 하고 있답니다.

치약으로 이를 닦을 때, 비누나 세정제로 세수를 할 때, 샴푸로 머리를 감을 때도 때가 잘 씻겨 나가라고 미세 플라스틱을 첨가한다고 한다. 깨끗이 씻거나 헹궈 내 먹지 않고 흘려 보낸다 해도 결국 미세 플라스틱은 하수구로 흘러 들어가 물고기들의 몸에 쌓이게 된다고 한다.

외삼촌의 이야기는 그야말로 충격이었다. 정말 미세 플라스틱에서 벗어날 수 없는 걸까.

"그래서 외삼촌은 잘 안 씻는 거예요?"

"아니야."

"뭐? 머리도 안 감고 세수도 안 했다고?"

깔끔쟁이 모나가 깜짝 놀라 외쳤다.

당구공 때문에 플라스틱이 개발되었다고?

"나, 물고기 좋아하는데. 언제 먹을 수 있어요?"

모나가 배고픈지 낚시하는 아빠와 외삼촌 옆에 착 달라붙었다.

"아직 한 마리도 못 잡았어. 나도 배고프다."

"네, 우리도 배고파요. 물고기 언제 먹어요?"

대형이는 아까부터 계속 물고기 먹고 싶다고 노래를 했다.

"사실은 일부러 안 잡은 거야. 미세 플라스틱 때문에."

아빠는 끝까지 자존심을 세우려는 것 같았다.

어느덧 섬에서 나올 시간이 되었다. 약속한 시간에 이장님의 배가 도착했고, 우리는 모두 배를 타고 선착장으로 향했다. 이상하게도 고기를 못 잡았다고 시무룩해 하거나 기분 나빠하는 사람은 아무도 없었다.

아빠와 외삼촌은 바다낚시를 온 것만으로도 즐거운 것 같았다. 모나는 한국 바다를 보는 것만으로도 즐거워했고, 대형이는 마냥 행복해 보였다. 모나와 함께여서 그런 걸까.

건규도 플라스틱과 환경 호르몬에 대해 조금 알게 된 것으로 만족했다. 물고기는 처음부터 기대도 안 했지만 미세 플라스틱을 삼킨 물고기를 먹지 않게 된 것은 다행이었다.

하룻밤 자고 가기로 했기에, 오늘 밤은 이장님 댁에서 신세를 지기로 했다.

"잘 먹었습니다."

"정말 맛있게 먹었어요."

이장님 댁에서 정성껏 차려 주신 저녁을 맛있게 먹었다. 배가 고파서 그런지 더 맛있었다. 대형이는 설거지가 필요 없을 정도로 음식을 싹 비웠다. 아빠와 외삼촌이 물고기를 잡지 못한 것이 오히려 잘된 일이 되었다.

이른 저녁을 먹고 따뜻한 방에 누우니 피곤이 몰려왔다. 그렇다고 이대로 잘 수는 없었다. 건규는 아빠와 외삼촌을 설득해서 산책을 가자고 했다. 사실 아빠와 외삼촌은 해가 지면 둘만의 시간을 갖겠다고 돼지고기를 사러 가려던 참이었다.

건규는 아빠가 술을 마시는지 감시하기로 엄마와 약속한 터였다. 일단 고기를 못 잡았으니 낚시 감시는 반쯤 성공한 셈이고, 이제 저녁에 술 마시는 일만 감시하면 된다.

그렇지만 한편으론 낚시도 성공 못한 아빠가 좀 안돼 보였다. 건규는 아빠가 술 마시는 걸 눈 감아 주는 대가로 마트에서 맛있는 간식을 사 달라고 해야겠다고 마음먹었다.

"건규야, 저기 당구장 보이지?"

외삼촌은 마트 건물 2층에 있는 당구장을 가리켰다.

"너희들, 혹시 당구 치는 거 구경해 본 적 있니?"

"왜요? 당구 치시게요?"

건규는 걱정 반, 의심 반이 섞인 눈으로 외삼촌을 바라봤다.

"아니야. 재미있는 이야기해 주려고."

"당구 치는 거 구경한 적은 있어요."

"그럼 공이 어떻게 생겼는지도 알겠네."

"그건 저도 알아요. 요렇게 요만하게 생겼어요."

모나가 두 손으로 공 모양을 그리면서 말했다.

"그래, 맞아. 그럼 여기서 문제. 당구공은 무엇으로 만들었을까?"

아빠는 퀴즈 프로그램 사회라도 보는 듯이 문제를 냈다. 평소에도 아빠는 문제 내기를 좋아한다. 그런데 틀리면 잔소리가 엄마 저리 가라다. 에휴, 건규가 자기도 모르게 한숨을 내쉬었다.

"음⋯⋯. 글쎄요?"

"혹시 플라스틱인가요?"

눈치 빠른 대형이가 대답했다.

"맞아. 그런데 처음 나왔을 땐 상아로 만들었단다."

19세기 중·후반 미국을 중심으로 당구가 붐을 일으키면서 당구공으로 사용되던 코끼리 상아가 귀해졌다. 그러자 사람들이 당구공을 대신할 대체 물질을 찾게 되었고, 그 와중에 알렉산더 파크스라는 화학자가 최초의 플라스틱을 개발했다고 아빠가 설명해 주었다.

당구공을 만들려고 플라스틱을 개발하게 되었다니 놀라운 일이었다. 이제 플라스틱은 우리 생활에 없어선 안 될 물질이 되었다. 주위를 잠깐만 둘러봐도 생활용품 중 플라스틱으로 되지 않은 것이 없다. 장난감, 낚시 도구, 학용품, 심지어 우리가 타고 온 이장님 배도 플라스틱 종류였으니까.

플라스틱 개발이 사람들의 생활을 편안하게 해 주는 엄청난 일이 될

지 파크스는 그때 알았을까? 한편으로는 환경 호르몬과 미세 플라스틱으로 우리의 건강과 환경이 위협 받게 될 줄 상상이나 했을까?

건규는 위대한 발명품이 환경 오염의 원인이 되어 버린 게 좀 이상하다는 생각이 들었다.

 건규의 **환경 호르몬 노트**

알렉산더 파크스(1813~1890)

파크스는 화학자이자 발명가로 플라스틱 공업의 선구자로 이름이 알려져 있어요. 1856년에 나이트로셀룰로스(질산 섬유소)를 식물성 기름과 혼합하여 직물을 방수 처리하는 방법을 연구하던 중에 최초의 플라스틱 파크신을 개발하고 1862년 런던 세계박람회(엑스포)에 공개해 발명상을 받았답니다. 이렇게 파크스가 만든 플라스틱 물질은 단단하면서 탄성도 있어서, 모양을 만들기가 좋았어요. 하지만 건조하면 줄어드는 결점이 있었지요. 그 후 여러 과학자들이 다양한 실험을 통해 다양한 형태의 플라스틱 물질을 발명했고, 지금과 같은 플라스틱 형태로 발전했답니다.

플라스틱은 마법일까?

"플라스틱으로는 못 만드는 물건이 없어. 어떤 모양이든 원하는 대로 만들 수 있어. 또 이것처럼 두껍게도 만들고 가볍게도 만들 수 있지."

외삼촌은 여러 개의 플라스틱 병을 들어 보이며 설명했다. 마치 과학 선생님 같았다.

대형이는 외삼촌의 설명에 푹 빠졌다.

"우아, 그럼 파크스가 영웅이네요."

"아니야. 파크스 이후에 미국에 하야트라는 인쇄 기술자가 있었는데, 그 사람이 셀룰로이드를 개발하면서 본격적인 플라스틱 세상이 열렸지. 그 당시에는 음식이나 물건을 담을 수 있는 그릇이나 용기, 박스, 단추, 필름 등 생활에 필요한 물건들을 주로 만들었다는구나. 그리고 하야트가 만든 것 중에는 틀니도 있었단다."

"틀니를 플라스틱으로 만들면 환경 호르몬을 매순간 먹는 거 아닌가요? 위험하네."

"환경 호르몬의 무서운 점이 그런 것이지. 언제 어디서든 모르는 사이에 섭취할 가능성이 있어."

파크스와 하야트 이후 가볍고 편리하게 사용할 수 있는 플라스틱 신소재에 대한 연구가 거듭되면서 지금 우리가 알고 있는 것들이 만들어

 건규의 **환경 호르몬 노트**

당구공과 플라스틱

1863년, 뉴욕의 어느 당구 회사에서 '상아의 대용품을 개발하는 사람에게는 1만 달러를 주겠다'는 내용의 광고지를 붙였어요.
인쇄업자였던 존 웨슬리 하야트(John Wesley Hyatt)와 그의 동생이 이 광고를 보고 발명에 도전하였고 1868년 파크신을 개량해 열을 가하면 자유롭게 변형이 가능하고 식은 후에는 단단하게 모양이 유지되는 합성 물질을 완성했어요. 하야트는 이 물질에 '셀룰로이드'라는 이름을 붙이고, 1870년에는 특허를 등록하고 회사를 설립했습니다. 셀룰로이드는 곧 머리빗이나 필름, 펜, 인형 등의 소재로도 활용되었지만, 폭발의 위험성이 있어서 당구공을 대체하진 못하고 1만 달러도 받지 못했다고 합니다. 현재 당구공은 다른 종류의 플라스틱인 페놀 수지로 만들어진다고 해요.

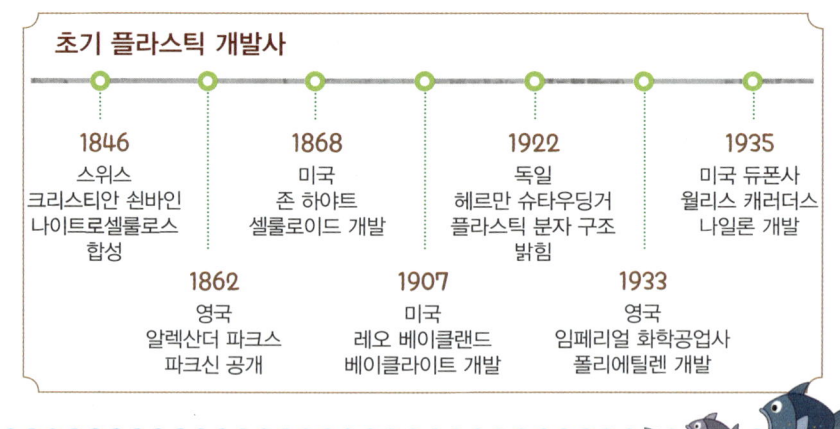

초기 플라스틱 개발사

- 1846 스위스 크리스티안 쇤바인 나이트로셀룰로스 합성
- 1862 영국 알렉산더 파크스 파크신 공개
- 1868 미국 존 하야트 셀룰로이드 개발
- 1907 미국 레오 베이클랜드 베이클라이트 개발
- 1922 독일 헤르만 슈타우딩거 플라스틱 분자 구조 밝힘
- 1933 영국 임페리얼 화학공업사 폴리에틸렌 개발
- 1935 미국 듀폰사 월리스 캐러더스 나일론 개발

졌다고 했다.

플라스틱은 물을 담는 병뿐만 아니라 옷, 농업용 필름, 물감, 보온 재료, 벽지, 전기 기기 부품, 일회용품, 자동차 부품, 악기 및 각종 장난감 등 쓰이지 않는 곳이 없었다.

"우아, 마법의 물질이네요."

"그래. 못 만드는 게 없지."

"그런데 외삼촌은 어떻게 그렇게 많이 알고 있어요?"

"새로운 소설을 쓰려고 자료를 모으다 보니 플라스틱에 대해서도 알게 된 거야."

"참, 내가 또 문제 낼 테니 맞혀 봐. 플라스틱이 무슨 뜻이게?"

아빠는 모나와 대형이가 외삼촌에게만 관심을 준다고 생각했는지 다른 문제를 냈다.

"어려워요."

"글쎄요. 모르겠는데요."

우리는 갑작스러운 질문에 정신을 차릴 수가 없었다.

"플라스틱은 말이야, 그리스어 플라스티코스plastikos와 라틴어 플라스티쿠스plasticus에서 유래한 거야."

"그래서 무슨 뜻인데요?"

"플라스틱이란 말은 '성형할 수 있는, 거푸집으로 조형이 가능한'이라는 뜻이 들어 있다고 해."

 또 플라스틱은 합성수지라는 말과 함께 사용하는 경우가 많다고 했다. 뿐만 아니라 플라스틱은 열이나 압력을 가하면 간단하게 성형할 수 있는 고분자 물질이나 그 혼합물도 가리킨다고 했다. 우리가 일상생활에 널리 사용하는 필름, 합성 섬유, 병, 튜브, 장난감은 물론 열에 강하거나 충격에 강한 재료에 이르기까지 다양한 용도로 사용되고 있었다.

"파크스가 대단한 걸 개발했네요."

"아직 200년도 안 된 이야기잖아. 그런데 우리 생활을 다 바꿔 버렸어. 심지어 요즘을 플라스틱 시대라고 할 정도니."

"맞아요. 석기 시대, 청동기 시대, 철기 시대 다음에 플라스틱 시대가 온 거예요. 파크스는 영웅이에요."

대형이는 플라스틱 개발자인 파크스가 대단한 선구자라도 되는 것처럼 엄지손가락을 치켜세웠다.

"그렇게 말할 수 있을지 모르지만, 플라스틱 사용에 대한 피해가 너무 커서 말이야. 영웅이라고까지 할 건 없지 않을까?"

아빠는 약간 걱정스러운 듯 말했다.

사실 처음에 플라스틱이 개발되었을 때는 인간의 생활을 편리하게 만들기 위한 물건들을 많이 만들었다. 그래서 플라스틱은 처음에 환영을 받았다. 못 만드는 종류가 없었고, 강하고 가벼워서 비행기의 여러 부품을 대신했다. 하지만 현대에 와서 환경 호르몬의 위험을 알게 된 것이다.

"플라스틱으로 못 만드는 게 없지만 결정적인 단점이 있어."

"그게 뭐예요? 환경 호르몬이요?"

"그래, 그것도 중요한 문제지만 플라스틱은 잘 썩지 않는 단점을 가지고 있어. 썩지 않으니까 쓰레기가 많이 생기지."

"아! 그래서 플라스틱 섬이 생긴 거구나."

"그러면 다 태워 버리면 안 되나요?"

"태워도 되겠지만 그 과정에서 유독 물질이 나온단다. 그런데도 플라스틱이 재활용되는 비율은 9%에 불과해. 79%는 매립되거나 쓰레기로 방치되지. 나머지 12% 정도만 대형이 말처럼 태우는데, 그럼 다이옥신이라는 유독한 환경 호르몬이 나온단다."

 건규의 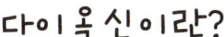 환경 호르몬 노트

다이옥신이란?

쓰레기 소각장 등에서 발생하는 다이옥신은 세계 보건 기구(WHO)에서 규정한 1급 발암 물질입니다. 자연에서 한 번 만들어지면 잘 분해되지 않고 안정적으로 존재하는 물질이에요. 토양이나 침전물에 축적되어 생물체 몸속으로 들어오면 수십 년 혹은 수백 년까지 존재하지요. 다이옥신이 사람 몸속에 쌓이게 되면 암이 발생하고 아이를 못 갖는 불임이 생길 수 있어요. 소각장 등에서 배출된 다이옥신은 공기, 호수, 토양, 바다 등에 유입되고 거기서 생산되는 음식물을 통해 사람의 몸에 축적됩니다.

토론왕 되기!

플라스틱에서만 환경 호르몬이 나올까?

환경 호르몬의 종류에는 무엇 무엇이 있을까요? 대표적인 것이 다이옥신, 살충제(DDT), 트리페닐주석(TPT), 비스페놀A, 프탈레이트입니다.

먼저 다이옥신은 종이의 재료가  되는 펄프를 표백하는 공장 폐액에서 처음 검출되었고, 이후 종이나 화장지에서도 발견되고 있어요. 식품의 경우에는 고기, 유제품, 어패류 등을 섭취하면서 우리 몸에 축적될 때가 많고요. 이 외에도 생활 쓰레기를 태울 때나 하수 오염, 자동차 배기가스, 종이, 판지, 종이 펄프 등도 다이옥신 발생의 원인이라고 해요. 이 물질이 위험한 것은 간암, 폐암을 유발하고 기형이나 유산의 원인이 되기도 때문이에요. 최근엔 여성 호르몬에도 영향을 주어 여성의 생식 능력을 약화시킨다는 보고도 있어요.

비스페놀A는 합성수지 원료, 콤팩트디스크(CD), 식품 저장용 캔 내부 코팅 재료 등에 쓰이는 물질로, 내분비계의 정상적인 기능을 방해해요. 실험에 따르면 아주 적은 양의 비스페놀A를 실험용 쥐에 주입했는데 전립성 종양, 유방암, 성조숙증 등이 발견됐다고 해요. 최근엔 일상

생활에서 자주 접하는 플라스틱에서도 비스페놀A가 녹아 나오는 것으로 밝혀졌어요. 프탈레이트는 플라스틱이 쉽게 휘고 탄력성을 갖게 하는 성질 때문에 합성수지 첨가제로 널리 쓰여요. 장난감, 화장품, 의료 기기 등 우리 생활용품 중 들어가지 않는 제품이 없을 정도예요. 남성 호르몬에 반대 작용을 해 남자의 생식 기관 발달에 악영향을 줄 수 있어요. 최근 연구에 따르면 인슐린, 혈당, 갑상선 호르몬 등에 부정적인 영향을 끼친다고 해요. 주의력 결핍 과잉 행동 장애(ADHD)를 유발하고 두뇌 발달도 저해할 수 있다고 하니, 얼마나 위험한 물질인지 알겠죠?

그렇다면 환경 호르몬에서 우리 건강을 지키는 방법에는 어떤 것이 있을까요? 요리를 하거나 전자레인지를 사용할 때는 유리나 사기 그릇을 사용하는 게 좋아요. 가급적 유기농 식품을 구매해요. 다 쓴 건전지는 그냥 쓰레기통에 버리지 말고 꼭 따로 모아서 버려야 해요. 외출을 한 뒤엔 반드시 비누로 손을 깨끗이 씻고, 어떤 물건이든 되도록 친환경 제품을 구입하는 습관을 기릅니다.

프탈레이트의 노출을 줄이려면,

1. 폴리염화 비닐(PVC) 재질의 플라스틱 제품 사용 줄이기
2. 식품용 랩은 지방 알코올 성분이 많은 식품과 직접 접촉 피하고, 100°C 이하 음식에만 사용하기
3. 방향제 사용 줄이기
4. 환기를 자주하여 공기 오염 예방하기
5. 아이들이 장난감을 입으로 물거나 빨지 않도록 하기

십자말 풀이

 **가로**

1. 인간의 산업 활동을 통해서 생성된 화학 물질로 생물체에 흡수되면 내분비계의 정상적인 기능을 방해하거나 혼란시키는 화학 물질.
4. 학교를 결석하지 않고 다니면 받는 상.
6. 환경 호르몬이 검출되는 것으로 그릇, 용기, 기계 부품으로 널리 쓰인다.
7. 폴리에틸렌으로 만든 것으로 물건을 담을 수 있다.
8. 학생들이 배운 지식, 기능, 태도 따위를 평가한 결과.
9. 가게 등에서 계산을 끝내면 주는 종이.
10. 부끄럽거나 취하여 얼굴이 붉어지는 것.

 **세로**

1. 현실적인 가능성이 없는 헛된 생각이나 공상.
2. 성, 성장, 비만, 노화 ○○○은 이것의 종류.
3. 이야기 속에 등장하는 괴물이나 괴수를 뜻하는 영어 단어.
5. 컵 모양의 일회용 용기에 담아 뜨거운 물을 부어 간편하게 먹을 수 있게 만든 라면. 이것의 그릇 안쪽에는 코팅이 되어 있는데 환경 호르몬이 나오는 것으로 알려져 있다.
8. 사춘기 발현의 한계인 9세가 되기 전에 성적 발달이 일어나는 증상. 비스페놀A 등의 환경 호르몬에 노출되면 걸리기 쉽다.

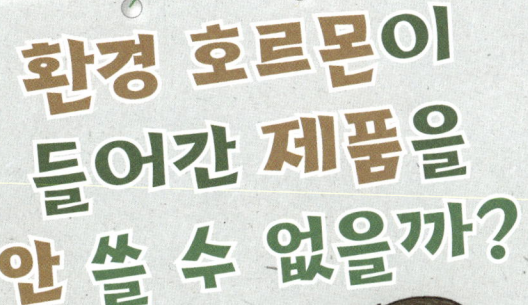

환경 호르몬은 우리를 망친다

🐟 건규는 컵라면을 너무 많이 먹어

"조금 전에도 말했지만, 환경 호르몬은 우리 몸의 정상적인 호르몬이 활동하는 과정에 관여해서 여러 가지 혼란을 일으켜. 그래서 키가 잘 자라지 않거나 아이를 잘 낳지 못하는 등의 유전적인 질병이 생기지."

대형이가 웃으며 건규를 보았다.

"대형이 너, 키 이야기 나오는데 왜 나를 보냐?"

평소 건규는 키가 작은 것이 불만이었다. 대형이는 그런 건규를 가끔 놀렸다.

"아냐. 너 본 것 아냐. 네 아빠 봤어."

"거짓말!"

"정말이야. 외삼촌, 그럼 환경 호르몬 때문에 우리가 괴물이 될 수 있는 거네요."

대형이는 얼른 말을 돌렸다.

"하하. 환경 호르몬을 피하면 돼. 가짜 호르몬이 우리 몸에 들어오지 못하게 조심해야지."

"그래. 환경 호르몬을 줄이려면 컵라면 좀 그만 먹어."

"나만 먹는 거 아닌데. 대형이는 훨씬 더 많이 먹어요. 그래도 나보다 크잖아요."

건규는 컵라면 때문에 키가 작다는 걸 믿을 수 없었다.

"컵라면 먹는다고 바로 키가 작아지거나 성장이 멈추는 것은 아니야. 앞으로 클 수 있는 성장에 영향을 주어 더 이상 크지 않게 될 수도 있고, 유전적으로 나쁜 영향을 주어 네가 나중에 낳은 아이들이 성장하는 데 어려움을 줄 수 있다는 거지."

환경 호르몬이 다음 세대에게도 영향을 준다는 말에 건규와 대형이 그리고 모나는 모두 흠칫 놀랐다.

"컵라면을 먹거나 플라스틱 용기를 전자레인지에 넣고 돌린다거나 할 때 환경 호르몬이 나오는 거야. 종이로 된 컵라면 안쪽에 플라스틱으로 코팅이 되어 있는 건 아니? 거기에 뜨거운 물을 부으면 환경 호르몬에 노출될 수 있어. 스티로폼도 마찬가지야."

이제는 아빠까지 나서서 일일이 예를 들어 가며 설명했다.

"그뿐인 줄 아니? 영수증 등에도 환경 호르몬 물질이 있어서 내분비계의 기능을 혼란시켜."

건규는 잔소리도 환경 호르몬도 다 마음에 들지 않았다.

"알았어요. 알았어. 이제 컵라면 자주 안 먹을게요."

 환경 호르몬과 성조숙증

"이처럼 환경 호르몬이 위험한 것은 호르몬 활동을 방해하기 때문이지. 특히 미세 플라스틱은 다른 병원균이나 화학 물질을 잘 붙이고 다녀서 우리 몸에 들어오면 원인을 알 수 없는 병에 걸리기가 쉬워."

아빠와 외삼촌은 주거니 받거니 환경 호르몬에 대해 설명을 이어 나갔다.

"환경 호르몬은 성장에만 영향을 주는 것이 아니야. 남자아이의 경우 정자 수 감소, 생식기 기형을 가져올 수도 있고 여자아이의 경우 생식기 질환을 가져올 수도 있어."

"그럼 아기도 못 낳게 되는 거예요?"

"그럴 수도 있지."

4장 환경 호르몬은 우리를 망친다

대형이는 갑자기 겁이 나기 시작했다.

외삼촌은 환경 호르몬의 영향으로 어린이에게 아토피나 주의력 결핍 과잉 행동 장애가 일어날 수 있다고 했다. 그리고 성조숙증이 생길 수도 있다고 했다. 성조숙증이란 의학적으로는 여자아이가 만 8세 미만, 남자아이는 만 9세 미만에 2차 성징이 나타나는 것이다.

"그럼 좋은 거 아닌가요? 키도 커지고 빨리 어른이 되는 거잖아요."

 건규의 환경 호르몬 노트

성조숙증, 무엇이 문제일까?

1차 성장 급진기에는 아기가 태어난 직후의 성장기로 50cm로 태어난 아이가 생후 1년간 25cm 정도 자라고, 이후에는 평균 1년간 10~12cm 정도 자랍니다. 이때는 정말 아이가 쑥쑥 커서 생후 만 3년 동안 처음 키보다 두 배 가까이 자라기도 하지요.

그리고 사춘기 무렵에 2차 성징이 오는데, 1년에 8~10cm 정도 급속도로 자라요. 2차 성징이 찾아오면 1~2년 사이에 성장판이 닫히면서 성장이 멈추기 시작해요. 그래서 성조숙증으로 2차 성징이 빨리 나타나면 몸집은 커지는 반면에 키는 멈추는 증상이 생길 수 있지요.

2차 성징은 성장판이 닫히는 신호

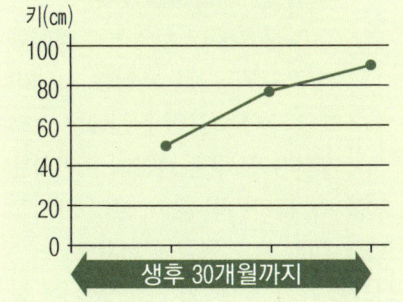

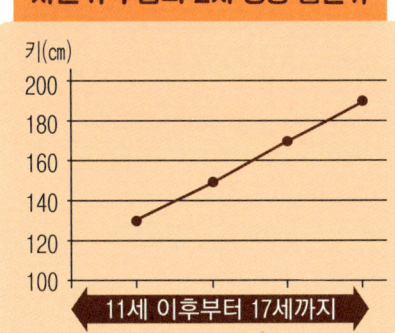

4장 환경 호르몬은 우리를 망친다

"그러네. 나도 빨리 어른이 되고 싶은데."

"모나는 어른이 되어도 예쁠 것 같아."

대형이는 얼굴을 붉히며 모나의 말에 덧붙였다.

건규는 자신이 아빠나 외삼촌처럼 어른이 된 모습을 상상하니 이상한 느낌이 들었다.

건규의 **환경 호르몬 노트**

성조숙증의 원인은 무엇일까?

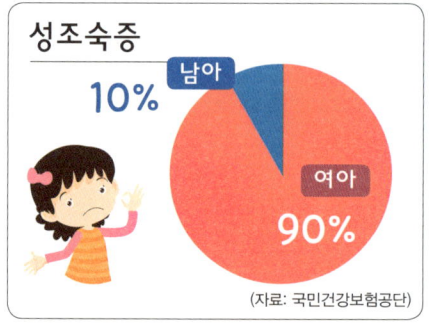

일반적으로 성조숙증은 남아보다 여아한테 더 잘 나타나요. 아직 명확하게 밝혀지지 않아서 설명하기는 어렵지만, 환경 호르몬이 여성에게 더 치명적인 영향을 끼치고 있는 건 분명한 사실이에요. 성조숙증의 원인에는 여러 가지가 있지만, 농약에 들어가는 DDT, DDE 같은 성분들이나 플라스틱 제품 즉, 플라스틱 용기, 플라스틱 장난감 등에 들어가는 비스페놀A(BPA), 프탈레이트 등도 영향을 끼쳐요.

이 외에도 주의해야 할 생활용품들은 컵라면 용기, 비닐랩(PVC), 영수증, 향초, 통조림, 종이컵, 프라이팬 코팅제, 색조 화장품 등이에요.

"성조숙 증상이 생기면 키가 어느 정도 자라다가 멈춰 버려. 뼈가 제대로 갖추어지기 전에 성장이 끝나 버리기 때문에 골밀도가 약해지기도 하지."

"스트레스를 받아 정신 건강에도 문제가 생길 수 있대. 키가 작아도 괜찮으니까 아빠는 건규가 정상적으로 자라면 좋겠구나."

"오, 아빠!"

건규는 감동했다. 아빠의 사랑이 건규에게 전해지는 것 같았다.

"알면 알수록 환경 호르몬은 나쁘네요."

모나는 단단히 화가 났다.

"그럼 이제 어떻게 해요?"

대형이는 걱정스러운 듯 물었다.

"플라스틱 제품 대신 천연 제품을 쓰도록 하고, 친환경적인 생활을 하는 것이 좋겠지."

"그런데 어젯밤에 엄마가 준비해 준 그릇들을 왜 모두 플라스틱으로 바꾸셨어요?"

건규는 아빠의 행동을 이해할 수 없어 따져 물었다.

"짐이 너무 무거워지니까 그랬지."

아빠가 멋쩍어 하며 대답했다.

환경 호르몬의 피해

"환경 호르몬은 어린이들에게만 나쁜 영향을 미치는 건가요?"

모나는 이모부와 건규가 말다툼하듯 투닥거리는 것을 재미있어 하면서 말했다.

"꼭 그런 건 아니지만 환경 호르몬은 어린 아기나 어린이에게 특히 안 좋게 작용한다는구나."

"왜요?"

"어린이가 어른보다 간의 크기가 작아 환경 호르몬 해독 능력이 떨어진다고 해."

또 여성이 환경 호르몬에 노출되면 생리 불순, 심한 생리통, 불임, 유방암, 자궁암 등에 걸릴 확률이 높아진다고 했다.

"와, 여자들은 더 조심해야 겠네요? 몸이 허약해서 그런가?"

"오빠? 그거 성차별 발언 아냐?"

대형이는 모나가 째려보자 얼른 입을 닫았다.

"너는 연약해도 괜찮아. 이 오빠가 지켜 줄게."

대형이는 모나 앞에서 느끼한 말을 거침없이 했다. 건규는 대형이가 한심해 보였다.

"여자는 남자에 비해 상대적으로 체지방 비율이 높아 몸속에 환경 호

르몬이 더 많이 쌓일 수 있어. 그래서 더 위험한 거야."

"어머, 나 어떡해."

환경 호르몬이 여성에게 더 나쁘게 작용할 수도 있다는 외삼촌의 설명에 모나는 깜짝 놀랐다.

"모나야, 걱정하지 마. 내가 환경 호르몬에서 널 지켜 줄 테니까."

대형이는 어른이라도 된 것처럼 가슴을 쫙 펴더니 또다시 모나에게 허세를 부리기 시작했다.

 건규의 환경 호르몬 노트

유아, 어린이가 환경 호르몬에 더 취약한 이유

첫째, 어린이는 장에서 환경 호르몬을 더 많이 흡수한다.
둘째, 환경 호르몬 분해 능력이 떨어진다.
셋째, 어릴 때 환경 호르몬에 노출되면 평생에 걸쳐 나쁜 영향을 받는다.
넷째, 유아와 어린이의 손은 늘 입으로 향한다.
다섯째, 유아와 어린이는 주로 바닥에서 뒹굴며 생활한다.

대구 가톨릭대 의대 양재호 교수 연구팀에 따르면, 환경 호르몬에 많이 노출된 임신부일수록 저체중 아이가 태어날 확률이 높다고 해요. 이런 아기는 혈중 환경 호르몬 수치가 높게 나타났지요. 환경 호르몬이 유아와 어린이의 성장, 면역력 등에 영향을 줄 수 있다는 것을 뜻하는 거예요.

'도대체 대형이 저 녀석은 모나를 어떻게 지켜 준다는 걸까?'

건규는 대형이가 근거도 없이 큰소리치는 모습이 이해되지 않았다.

"환경 호르몬은 여성 자신뿐 아니라 다음 세대까지 영향을 미치지. 엄마의 체내에 쌓인 환경 호르몬은 배 속 태아에게 그대로 전달된대."

"어, 어떻게 태아에게 전달되죠? 태아는 플라스틱을 사용할 리가 없잖아요."

"태아에게는 엄마와 연결된 탯줄을 통해 전달돼. 그리고 갓 태어난 아기는 엄마 젖을 먹잖아. 모유를 통해서도 전달되는 거야."

"그러면 결국 남자 어른만 환경 호르몬에 강하다는 거네요?"

모나는 억울하다는 표정으로 외삼촌에게 되물었다.

"남자도 여자랑 똑같이 위험해. 대형이는 다른 여자들보다 지방이 더 많고, 건규는 키도 작으면서 매일 컵라면 같은 걸 먹는데 안전할 리가 있겠니?"

"아저씨!"

"아빠!"

대형이와 건규는 동시에 아빠에게 소리를 질렀다.

모유 속 환경 호르몬

한국 보건 산업 진흥원은 2014년 산모의 모유에서 환경 호르몬(PFOS, 과불화옥산술폰산)이 검출됐다는 연구 결과를 내놨어요. 산모 264명의 모유를 검사한 결과 피자를 자주 배달시켜 먹는 엄마의 모유에서 환경 호르몬의 농도가 높았다는 내용도 담고 있었지요. 포장 상자에 코팅된 환경 호르몬 물질에 자주 노출된 것이 원인으로 지목됐어요. 이 물질은 뇌와 신경, 간에서 독성을 나타내고, 신생아의 지능과 몸무게에 악영향을 주는 것으로 알려졌습니다.

모유 속 환경 호르몬의 위험성은 2007년에도 제기되었어요. 당시 식약청은 '120명 산모의 출산 후 30일째 모유를 분석한 결과 환경 호르몬의 일종인 PBDE(폴리브롬화 디페닐 에테르)가 검출됐다'고 밝혔어요. 이 성분은 컴퓨터·TV 등 가전제품이 불에 잘 타지 않도록 하는 난연제로 사용되었습니다. 신체 내에서 쉽게 분해되지 않아 엄마의 지방 조직에 축적된 후 모유를 통해 아이에게 전달된 것이지요.

임신 기간 중 환경 호르몬에 노출된 태아는 신경계·귀·신장·심장·수족·면역 체계·뼈·폐·생식기에 악영향을 받는다고 해요. 태아부터 사춘기까지는 생식 기관과 호르몬·면역 체계가 완전히 발달하지 않아 환경 호르몬에 더 취약해요.

환경 호르몬이 남성에게 미치는 영향

환경 호르몬의 영향으로 남성의 정자가 병들고 있습니다. 질은 낮아지고 수는 줄어들고 있지요. 정자가 병들면 생식 능력이 떨어져 아이를 낳기 힘들어져요. 정자가 병들고 있다는 주장은 1992년 덴마크에서부터 시작됐다고 해요.

덴마크 코펜하겐 대학 병원 닐스 스카케벡 교수는 남성의 정자 수가 1940년 1㎖당 1억 1300만 마리에서 1990년 6600만 마리로 50년 만에 45% 감소했고, 기형 정자가 증가하고 있다고 밝혔습니다.

이후 정자가 병들고 있다는 연구 결과가 잇달아 나오면서 정자에 문제가 있다는 주장이 자리 잡았는데요. 정자가 병드는 가장 큰 원인 중 하나로 거론된 것이 바로 환경 호르몬이에요.

스카케벡 교수는 남성의 정자 수 감소가 덴마크 외에 벨기에와 영국 등에서도 확인됐다고 주장했어요. 환경 호르몬이 남성에게 미치는 가장 큰 영향은 정자 수의 감소와 아기를 낳기 힘들어지는 것이 유전되는 것이에요.

환경 호르몬의 종류와 증상

환경 호르몬	증상	포함 제품
비스페놀A	유방암, 성조숙증, 치아 손상	물병, 젖병, 병마개, CD, 음식료 및 통조림 내부, 합성수지, 플라스틱 그릇 등
프탈레이트	ADHD 증상 악화, 생식·성장 발달에 독성 영향. 두뇌 발달에 악영향	플라스틱 용기, 플라스틱 재질의 학용품, 어린이 장난감, 주방 및 화장실의 세제, 방과 거실의 바닥재, 향수, 무스, 매니큐어 등
폴리염화 비닐	간 기능 이상, 중추 신경계, 호흡기계, 림프계 등 종양 증가. 청색증, 피부 이상	변압기 등 절연체, 윤활제, 도료, 복사 용지, 방화 재료, 각종 테이프, 인쇄 잉크 등
벤조피렌	빈혈, 생리 불순, 성장 장애 등	훈연한 식품(소시지, 칠면조 등), 담배, 불에 태운 고기
다이옥신	오심, 구토, 혈변 등	플라스틱류 등과 쓰레기, 육류

 **토론왕 되기!**

플라스틱을 계속 사용해도 될까?

인간은 나무를 다듬고, 돌과 바위를 다듬던 석기 시대를 지나고, 철광석을 녹여 쇠를 만드는 기술을 익히던 철기 시대를 거쳐 왔어요. 그 결과 지금까지 찬란하고 수많은 문명을 이루고 살고 있지요.

그런데 이제는 플라스틱 시대라고 할 정도로 플라스틱은 인간의 생활에 많은 변화와 편리함을 가져왔어요. 플라스틱으로 만들지 못하는 것이 없을 정도예요. 숟가락, 젓가락뿐만 아니라 비행기, 배와 같은 운송 수단에도 플라스틱이 쓰이고 있습니다.

다듬기 어려운 돌과 무겁고 녹이 잘 스는 쇠 대신, 인간은 비용이 적게 들고 만들기 편한 플라스틱을 개발했어요. 그 결과 저렴하고 편리하게 플라스틱을 일상생활에 적극적으로 이용하고 있지요. 생활의 편리를 위해서 플라스틱을 계속 사용해도 될까요?

환경 호르몬과 환경 파괴, 생물체의 생태 교란을 생각하면 플라스틱 사용을 당장 줄여야 하지만, 우리의 일상생활이 너무 불편해질 게 뻔합니다.

플라스틱과 환경 호르몬을 줄이면서 불편하지 않은 생활을 할 수 있는 방법이 있을까요?

빨대, 일회용 컵과 그릇, 랩과 비닐, 비누와 같은 세정제, 화장품 등의 생활용품에서부터 생산업에 이르기까지 광범위하게 쓰이고 있는 플라스틱, 과연 우리는 플라스틱 없이 살 수 있을까요?

자연에서 분해되는 플라스틱이 있다고?

어떤 종류의 미생물은 에너지원으로서 고분자 폴리에스테르류를 몸속에 저장하고 있어요. 이 폴리에스테르를 합성해서 만든 것이 바이오 플라스틱이에요. 토양 중 세균에 의해서 분해되므로 생물 분해성 플라스틱이라고도 해요. 바이오 베이스 플라스틱 역시 잘 썩지 않지만 옥수수, 사탕수수 등의 친환경 재료(바이오매스)를 바탕으로 하기 때문에 생산 과정에서 공해 물질을 적게 내보냅니다. 한편 생분해성 플라스틱은 바이오매스 함량이 50% 이상으로 가격이 다소 비싸고 기존 플라스틱보다 조금 약하지만 자연에서 잘 분해되어 환경 오염을 줄입니다.

환경 호르몬, 어디 숨었니?

우리 집 거실에 있는 물건 중 환경 호르몬이 나오는 물건에는 어떤 것들이 있을까요? 부모님과 함께 찾아보세요.

예 커튼, 소파, 벽지

잠깐 플라스틱 소재기 많이 가구들 만큼 자제해 사용이 환경 호르몬이 줄어듭니다.

플라스틱 없이 살 수 있을까?

🐟 인간의 이기심이 문제야

"으악! 살려 줘."

건규는 비명을 지르며 깨어났다.

"건규야, 왜 그래? 꿈꾼 거야?"

멍한 표정으로 앉아 있는 건규를 아빠가 가만히 안아 줬다. 건규는 주위를 둘러보며 무언가를 찾고 있었다.

건규의 비명에 모두 잠에서 깨어났다. 모두 걱정스러운 얼굴로 건규를 바라보았다.

"오빠, 정신 차려. 여긴 이장님 댁이야. 우리, 바다 여행 왔잖아. 기억 안 나?"

모나가 건규에게 말했다.

"도대체 무슨 꿈을 꾼 거니?"

"무서운 꿈을 꿨어요. 20년 후의 나를 봤는데 나를 아빠라고 부르는 아이들도 있었어요."

"결혼도 하고 아이도 있었어? 와우! 좋았겠다!"

대형이는 은근히 부럽다는 표정이었다.

"그런데 건규야, 누구랑 결혼했어?"

"꿈이라니까!"

건규는 대형이에게 화를 냈다.

"꿈이 어땠기에 그렇게 소리를 질렀니?"

"어서 말해 봐. 설마, 기억을 못 하는 건 아니지?"

"환경 호르몬에 과다 노출된 나를 봤어. 그리고 내 아이도. 내 부인이 아이를 낳지 못하고 고생하다 어렵게 아이를 낳았는데……. 아이가 일찍 성장이 멈추고 비만에 당뇨를 앓고 있었어."

"그게 다 환경 호르몬 때문이라는 거지?"

외삼촌이 물었다.

"네. 그동안 내가 플라스틱을 무분별하게 사용해서겠지만 너무 화가 나는 거야. 그래서 파크스를 찾아갔어."

"야! 파크스는 아주 옛날 사람인데 어떻게 찾아가니?"

"꿈에! 꿈에 찾아갔다고."

건규는 자기 말을 끊는 대형이에게 버럭 소리를 질렀다.

"그래서 어떻게 됐는데?"

모나가 재촉했다. 건규의 이야기에 푹 빠진 것 같았다.

"일단 플라스틱을 왜 만들었느냐고 따졌지. 플라스틱에서 환경 호르몬이라는 유해 물질이 나오고 사람들이 병에 걸려 힘들어한다고 말해 줬어. 그랬더니 환경 호르몬이 뭐냐면서 어이없는 표정으로 나를 보더라고. 자기는 사람들의 생활을 편리하게 해 준 것뿐이래. 그래서 사람들에게 칭찬을 받았다는 거야. 인기도 무척 많았대. 그러면서 내가 사는 시대에 그런 말을 들을 줄 어떻게 알았겠냐면서 오히려 화를 내더라고."

"하긴 파크스가 무슨 잘못이 있겠니. 우리한테 필요한 걸 만들어 준 것뿐인데."

대형이가 파크스 편을 들며 나섰다.

"대형이 말이 맞아. 현대에서 우리가 잘못 사용하고 있는 것이 문제지. 자연이나 건강은 생각 안 하고 생활에 편리한 것만 생각한 거야. 그래서 무분별하게 사용했지. 인간의 이기심이 문제야."

아빠가 고개를 가로저으며 말했다. 솔직히 아빠는 플라스틱류를 좋아한다. 아니 사랑한다. 낚시를 갈 때는 물론 평소에도 일회용품을 즐겨 사용했다.

"치, 아빠가 할 말은 아닌 것 같은데요?"

"아니, 내가 플라스틱을 얼마나 싫어하는데."

종이컵에 물을 따라 마시던 아빠는 건규 말에 플라스틱 물병을 얼른 뒤로 감추었다.

"아무튼 내일 일찍 출발하려면 이제 자야 해."

아빠는 얼른 말을 돌렸다.

"그래, 이제 자자. 모두 잘 자라. 내일 아침에 보자."

 건규의 **환경 호르몬 노트**

플라스틱을 분해하는 변종 효소

2018년 영국 포츠머스 대학 존 맥기헌 교수의 과학 연구팀은 플라스틱 페트(PET)병을 먹는 효소를 개발했어요. 처음 이 효소를 발견한 것은 일본이에요. 2016년 일본의 해안 도시 사카이에 쌓인 플라스틱 침전물에서 처음 발견되었지요. 맥기헌 연구팀은 일본 박테리아가 어떻게 진화하는지 살펴보기 위해 태양 빛보다 강한 엑스레이 빛을 쏘았어요. 그러던 중 우연히 페트병을 먹는 능력을 갖춘 효소를 만들어 낸 거예요. 처음 발견했던 플라스틱 먹는 박테리아보다 페트 분해 능력을 20% 증가시킨 새로운 효소였답니다. 그 후 2020년 맥기헌 연구팀은 두 종류의 플라스틱 분해 효소를 결합해 분해 속도를 종전보다 6배 빠르게 하는 방법을 알아냈어요. 하지만 실제 현장에 투입되려면 생산 비용을 낮추고, 분해 능력도 더 높여야 하는 등의 과제가 남아 있어요. 현재 연구진은 플라스틱 분해 속도를 더욱 높여 대량 생산할 수 있는 방법을 연구 중입니다.

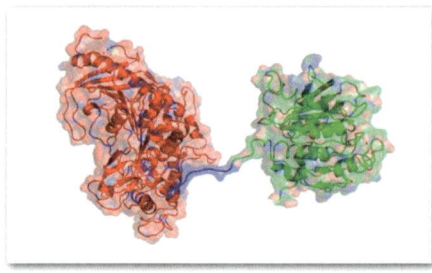

기존보다 6배 빨리 플라스틱을 분해하는 효소
(자료: 포츠머스 대학)

플라스틱을 먹는 변종 효소가 발견되었다고 해도 지구상에 있는 모든 플라스틱 쓰레기를 해치우는 해결책이 될 수는 없어요. 플라스틱 문제를 해결하려면 재활용 방법을 모색하고, 근본적으로 플라스틱 사용을 줄여야 해요.

"네, 안녕히 주무세요. 건규도 잘 자."

"오빠도 잘 자. 이번엔 좋은 꿈꿔."

모두들 잠자리에 들었다. 그런데 건규는 좀처럼 잠이 오지 않았다. 파크스와 나누었던 대화가 머릿속에서 떠나질 않았다.

플라스틱, 환경 호르몬 없는 세상

다음 날, 지난밤 꿈 때문에 잠을 푹 자지 못해서인지 건규는 정신이 몽롱하고 몸이 무거웠다. 서둘러 집에 가고 싶다는 생각뿐이었다.

건규는 1박 2일 바다 여행 동안 외삼촌과 아빠 덕분에 환경 호르몬에 대해 많이 알게 되었다. 아무런 대책 없이 편리함만 추구하고 살았다는 것에 반성을 하기 시작했다. 앞으로 건강하게 살기 위해서는 환경 호르몬을 피해야겠다는 생각이 가득했다.

"엄마, 이제 저도 환경 호르몬을 좀 생각하면서 살아 보려고요."

집에 돌아와 한잠 자고 일어난 건규가 엄마에게 선언하듯 말했다.

"어머? 어쩌다 그런 생각을 하게 되었니?"

"이번 바다 여행에서 외삼촌과 아빠에게 환경 호르몬이 얼마나 위험한지 들었어요."

"공부 많이 되었겠는데? 그동안 엄마가 환경 호르몬 피하려고 나름대로 노력한 이유를 이제 좀 알았겠구나."

엄마는 여행 짐을 쌀 때도 플라스틱을 최대한 안 쓰려고 했다. 되도록 플라스틱 포장 용기 대신 유리나 스테인리스 용기를 사용했다. 물론 아빠는 무겁다며 싫어했지만.

"우리가 사용하는 물건들 중에 환경 호르몬이 어떤 것에서 많이 나오는지 알고 있니?"

"자세한 건 몰라도 주로 플라스틱류에서 많이 나오는 것으로 알고 있어요."

"그래? 과연 환경 호르몬이 플라스틱에서만 나올까?"

"글쎄요. 환경 호르몬이 나오는 물건이 또 있어요?"

"우리 집에서 환경 호르몬이 나오는 물건을 함께 찾아볼까?"

건규와 엄마는 스마트폰으로 검색하면서 집 안 곳곳을 살펴보기로 했다.

가장 먼저 건규의 방부터 시작했다.

"네 방에는 어떤 것들이 있을까?"

엄마는 가장 먼저 건규가 아끼는 장난감을 모두 꺼내기 시작했다.

"이것들 봐라. 장난감이 모두 플라스틱으로 되어 있지? 플라스틱은 비스페놀A 또는 프탈레이트라는 환경 호르몬이 나온단다."

 건규의 **환경 호르몬 노트**

친환경 제품을 사용하려면?

환경부에서는 '환경 표지 제도'를 통해 생산, 소비, 폐기에 걸친 전 과정에서 다른 제품들에 비해 환경 오염을 적게 일으키거나 자원을 절약할 수 있는 제품을 대상으로 인증 마크를 부여하고 있어요. 이러한 제도는 우리나라뿐만 아니라 유럽 연합(EU), 미국, 캐나다 등 40여 개 국가에서 성공적으로 시행 중인 친환경 정책 중 하나예요. '환경 표지 제도'는 환경 친화적인 제품 생산 및 소비를 장려하고, 나아가 지속 가능한 사회를 만들어 주는 밑거름이 되어 줄 수 있어요. 사무용품, 건설 자재 및 설비, 가정용품, 산업용품 등(식품, 의약품 등 제외)이 인증 대상에 속하며 서류 검증, 현장 심사, 심의 위원회 논의 등 까다로운 절차를 거쳐야만 수여가 가능하기 때문에 환경부 인증 마크가 부착된 제품이면 믿고 구매해도 좋아요!

환경 표지 제도

전 과정적으로 환경성이 우수한 제품 인증.
KS 품질 이상 만족.
같은 용도의 다른 제품에 비하여 제품의 환경성을 개선한 제품.

탄소 발자국 인증 마크

환경 성적 표지 인증을 받은 제품 중 온실가스 배출량을 줄인 제품 인증.
환경 성적 표지 인증 제품이 원료, 연료 대체나 공정, 효율 개선 등을 통해 종전보다 온실가스를 적게 배출하는 제품.

엄마는 자, 지우개, 필통 등도 모두 플라스틱으로 된 것이라고 했다. 그리고 책상에서도 환경 호르몬이 나온다고 했다. 심지어 동화책도 위험하다고 했다. 인쇄용 잉크, 책을 보호하기 위해 표지에 입힌 코팅 재질 등도 마찬가지였다. 그래서 KC 마크가 없는 것은 의심해야 한다고 말했다.

"그러고 보니 학용품이나 책 등에는 대부분 KC 마크가 있네요."
"그럼. 어린이가 사용하는 물건들은 관리를 잘해야 하거든."
엄마와 나는 내 방을 나와 자연스럽게 거실로 갔다.
"거실에도 환경 호르몬이 나오는 물건들이 있을까요?"
"글쎄다."

이번엔 엄마가 자신이 없어 보였다.

스마트폰으로 이것저것 검색하던 엄마가 깜짝 놀라며 건규에게 스마트폰 화면을 보여 주었다. 카펫, 소파, 커튼, 벽지, 바닥재 등 플라스틱과는 거리가 먼 것이라고 생각한 것에서 모두 환경 호르몬이 나온다고 했다.

"아! 플라스틱 용기가 많은 냉장고."

건규는 냉장고 문을 열었다. 그런데 음식물들은 모두 유리 용기에 담겨져 있었다. 건규는 안심이 되었다. '역시 엄마다!'라는 생각을 했다.

"그런데 엄마, 화장품에서도 환경 호르몬이 나온대요."

"정말? 이제 화장품도 조심해서 써야겠네."

엄마는 화장품을 꼼꼼히 살펴봤다. 화장품은 얼굴에 직접 바르는 것이라 매우 신경을 써야 할 것 같았다.

좀 더 자세히 알아보니, 화장품에는 파라벤, 프탈레이트 등의 물질이 들어 있었다. 이런 물질들은 미생물의 성장을 억제시키기 때문에 식품이나 화장품의 보존제로 널리 이용된다고 했다.

화장품뿐만 아니라 주방에서 주로 사용하는 비닐랩(PVC)이나 프라이팬에 쓰이는 코팅제 등도 위험했다. 비누, 치약, 변기 세정제 등 욕실에도 환경 호르몬이 나오는 제품들이 많았다.

"어유, 이 손 좀 봐. 건규야, 거기 있는 물티슈 좀 줄래?"

여러 물건을 만져서 그런지 엄마 손이 더러워졌다.

"엄마, 물티슈에서도 환경 호르몬이 나온대요."

"어이쿠!"

엄마는 얼른 물티슈에서 손을 뗐다.

"엄마, 환경 호르몬이 안 나오는 물건은 없나요? 어떻게 하면 환경 호르몬에서 벗어날 수 있어요?"

"환경 호르몬을 멀리한다고 노력했는데도 집 안 곳곳이 환경 호르몬 천지네."

엄마는 안타까워하며 말했다. 건규도 우리가 생활하는 주위에 플라스틱으로 되지 않은 것이 별로 없다는 것을 알게 되었다.

환경 호르몬, 정말 알면 알수록 무서운 녀석이었다.

그럼 정말 환경 호르몬의 공포에서 우리는 벗어날 수 없는 걸까? 건규는 스마트폰을 검색하다가 흥미로운 기사를 찾아서 엄마에게 보여 주었다.

"엄마, 엄마! 최근에 플라스틱을 먹는 효소가 개발되었대요. 그리고 천연 성분으로 플라스틱과 비슷한 형태를 만들 수가 있대요. 앞으로 이런 것들로 다 바꿀 수 있으면 좋겠어요."

"그래, 건규가 좋은 걸 찾아냈네. 당장은 힘들겠지만, 앞으로 과학이 계속 발전하다 보면 분명 환경 호르몬이 나오지 않는 제품이 나올 거야. 그리고 엄마도 환경 호르몬 걱정 없는 제품을 고르도록 더욱 신경 쓸게."

"저도 엄마가 잔소리한다고 짜증 내지 않을게요."

건규와 엄마는 더욱 환경 호르몬 박사가 되어야겠다고 약속했다. 그리고 건규는 새로운 사실을 알려 주겠다며 대형이네 집으로 달려갔다.

 건규의 **환경 호르몬 노트**

우리 안전을 지켜 줄 인증 마크

KC 인증은 국가가 안전에 필요한 물품에 대해 일정 기준을 통과한 것만 시장에 출시시키기 위해 만들어졌으며, 소비자는 KC 마크를 확인함으로써 제품에 대한 대한 신뢰를 얻을 수 있어요. 이것은 국가 강제 인증 제도예요. 국민의 안전을 위해 반드시 받아야 되는 인증이지요.

저울, 재생 타이어, 승강기 주요 부품, 가스라이터, 어린이용 제품, 안전밸브, 가스 용품, 전선, 전원 코드, 전기 냉장고, 자동차, 자동차 부품, 정수기, 소방용품 등 우리 생활용품 중 안전과 관련된 제품에는 다 해당됩니다.

토론왕 되기!

쓰레기가 세상에서 없어지기까지 얼마나 걸릴까?

알루미늄 캔, 플라스틱 종류는 분해되는 데 500년 이상 걸려요. 그런데 플라스틱보다 분해 시간이 긴 쓰레기가 있어요. 바로 유리와 폐건전지예요. 유리는 100만 년이고 폐건전지는 무려 200만 년 이상 걸린다고 해요.

우리가 버린 쓰레기는 우리가 사라져도 오랫동안 세상에 남아 있어요. 그런데도 계속 썩지 않는 쓰레기를 버릴 건가요?

어떻게 하면 일상 속에서 발생하는 쓰레기를 최소화할 수 있을까요?

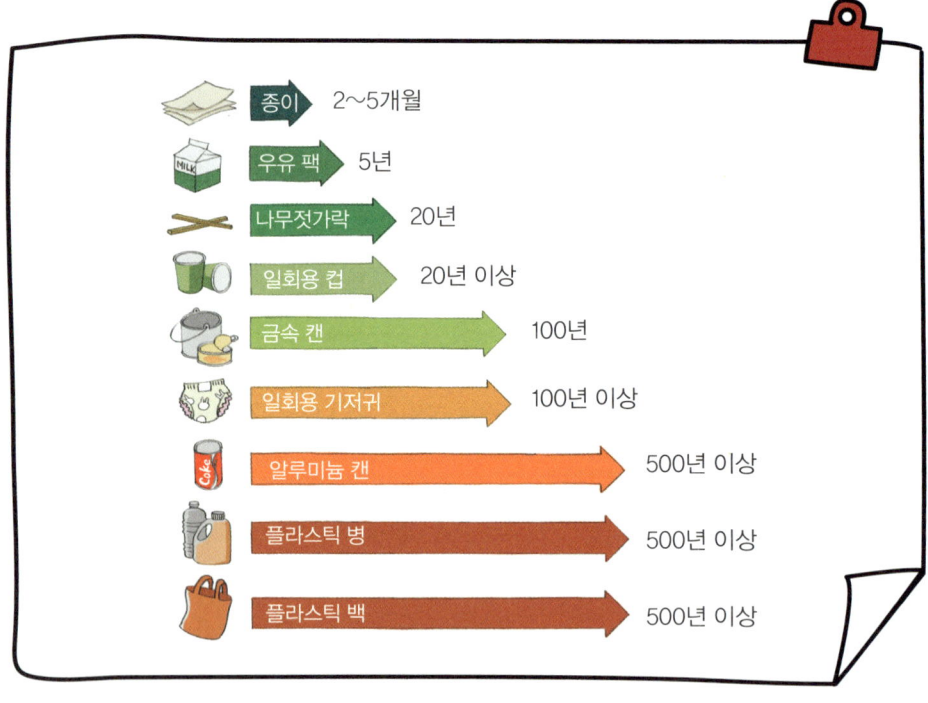

일회용 플라스틱 없는 마트는 없을까?

일회용 플라스틱 중에서도 우리가 어쩔 수 없이 쓰게 되는 것이 바로 마트 등에서 제공하는 '포장'이에요. 이 불필요한 포장을 쓰지 않으려면 마트와 우리가 서로 어떤 노력을 해야 할까요?

그린피스와 녹색 소비자 연대 전국 협의회는 국내 소비자 1000명을 대상으로 대형 마트의 플라스틱 사용에 대해 어떻게 생각하는지 설문 조사를 했는데요.

결과를 보면 응답자의 69.2%가 생산 및 유통 단계에서 플라스틱 사용에 문제가 있다고 생각했어요. 그렇지만 이 설문 조사에서 시민들의 66.8%가 대형 마트들이 플라스틱 사용을 줄이는 데 노력하지 않는다고 대답했지요. 이것은 플라스틱을 사용하는 데 있어서, 그것을 제공하는 마트가 더 적극적으로 나서야 된다는 것을 의미해요. 그러면서 시민들의 83.1%는 대안 마트 모델이 플라스틱 문제 해결에 도움이 될 거라고 답했지요. 대안 마트가 뭐냐고요?

플라스틱 문제 해결을 위한 대안 마트란?

(자료: 그린피스)

 식품을 손상시키지 않고 레이저로 브랜드, 날짜 등을 표면에 새기는 레이저 라벨링

 쌓여 있는 곡물을 개인 다회용 용기에 원하는 만큼 담아 구입

 다회용 용기를 가져오면 채소나 과일을 원하는 사이즈에 맞춰 손질하여 제공

 주방세제 등을 개인이 가져온 용기에 리필하여 구입

응답자의 68.6%는 이렇게 대안 마트 형식으로 플라스틱 사용을 줄여 나간다면, 구입처를 바꿀 생각이 있다고 했어요. 여러분은 어떤 생각을 갖고 있나요?

플라스틱 없는 삶

건규와 모나는 플라스틱 없이 1주일 살기를 실천하고 있습니다.
플라스틱을 대신할 물건을 써 주세요.

플라스틱 필통 — ex 나무 필통 — — —

플라스틱 컵 — ex 유리컵 —

플라스틱 용기 — ex — — —

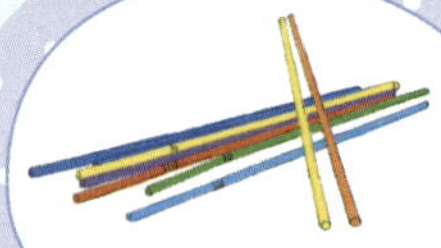

ex 종이 등으로 만든 빨대 — — — **빨대**

볼펜 — ex 연필 —

※ 참고
- 플라스틱 물통 → 유리 물통, 스텐 물통
- 플라스틱 컵 → 스테인리스 컵
- 플라스틱 용기 → 스테인리스 용기, 유리 용기, 실리콘 용기
- 빨대 → 스테인리스 빨대, 대나무 사용하기
- 볼펜 → 연필 사용하기
* 이 외에도 플라스틱을 대체하는 물건들이 많이 있으니 찾아보세요.

어려운 용어를 파헤치자!

다이옥신(Dioxin) 다이옥신은 염소를 포함하고 있는 화합물이에요. 지방에 잘 녹기 때문에 몸속에 들어가면 오줌으로 배설되지 않고 지방 조직에 축적되지요. 쓰레기를 태울 때 주로 발생해요.

벤조피렌(Benzopyrene) 인체에 축적될 경우 각종 암을 유발하고 돌연변이를 일으키는 환경 호르몬이며 발암 물질이에요. 숯불에 구운 쇠고기 등 가열로 검게 탄 식품, 담배 연기, 자동차 배기가스, 쓰레기 소각장 연기 등에 포함되어 있어요.

폴리에틸렌 뚜껑이나 마개, 단단한 박스나 병, 보호 필름 등에 사용하는 얇고 투명한 비닐을 말해요. 전사지, 비닐봉지 등을 만드는 재료로 쓰이지요.

폴리염화 바이페닐(PCB, Polychlorinated Biphenyl) 유기 염소(有機鹽素) 화합물을 말해요. 물에는 녹지 않지만 기름이나 유기 용매에는 녹아요. 강한 독성이 있으며, 쉽게 분해되지 않아 환경 오염 문제를 일으키기도 하지요.

폴리염화 비닐(PVC, Poly Vinyl Chloride) 염화 비닐을 주성분으로 하는 플라스틱으로 필름, 시트, 성형품, 캡 등 광범위한 제품으로 가공됩니다. 간과 신장 장애, 생식 기형 등을 유발하는 것은 물론 내분비계 장애 물질이에요. 미국이나 유럽에서는 PVC 재질의 유아용 완구에 대한 판매 금지 또는 제품 회수 등을 취하고 있어요. 우리나라도 완구에 사용할 수 없어요.

합성수지 제2차 세계대전을 전후로 본격적으로 개발되기 시작했어요. 일반적으로 가볍고, 열이나 전기 전달이 잘 되고 모양을 바꾸는 게 쉬워 각종 성형품·파이프·시트·섬유·접착제 등 광범위하게 사용되고 있답니다.

환경 호르몬 관련 사이트

환경부 me.go.kr
환경부 공식 홈페이지예요. 환경에 관련된 정책을 고지하고, 아름다운 지구를 지키기 위해 자연을 보호하기 위한 방법과 자원 순환을 위해 우리가 국가와 개인이 어떤 노력을 해야 되는지 정리해 놓았어요.

환경부 공식 블로그 blog.naver.com/mesns
환경부에서 대중들에게 환경에 대한 정보를 제공하고자 만든 블로그예요. 여러 나라의 환경 정책과 재미있는 환경 이야기, 환경 정보에 대한 사실과 오해 등을 보기 쉽도록 메뉴로 만들어 놓았답니다.

케미스토리 chemistory.go.kr
환경부가 관리하는 어린이 환경과 건강 포털이에요. 생활 속 유해 물질과 예방법에 대해 다루고 있어요.

질병 관리청 국가 건강 정보 포털 health.cdc.go.kr/healthinfo
질병 관리청에서 운영하는 건강 정보 사이트예요. 기본적인 건강 정보부터 보건 교육 자료, 권역별 분포되어 있는 병원 등 건강과 관련된 모든 내용이 들어 있어요.

KiSTi의 과학 향기 scent.ndsl.kr
한국 과학 기술 정보 연구원에서 운영하는 과학 정보 사이트예요. 과학 정보와 시사를 쉽게 이해할 수 있도록 다양한 콘텐츠를 정리해 놓았어요.

신나는 토론을 위한 맞춤 가이드

건규와 대형이 그리고 모나가 바다 여행을 가서 겪은 이야기를 읽고, 환경 호르몬에 대해서 잘 알게 되었나요? 그 전에 마지막 단계인 토론을 잊지 마세요. 토론을 잘하려면 올바른 지식과 다양한 정보가 바탕이 되어야 해요. 책을 다 읽고 친구 또는 엄마와 함께 신나게 토론해 봐요!

잠깐! 토론과 토의는 뭐가 다르지?

토론과 토의는 모두 어떤 문제를 해결하기 위해 의견을 나누는 일입니다. 하지만 주제와 형식이 조금씩 달라요. 토의는 여러 사람의 다양한 의견을 한데 모아 협동하는 일이, 토론은 논리적인 근거로 상대방을 설득하는 일이 중요합니다. 토의는 누군가를 설득하거나 이겨야 하는 것이 아니기 때문에 서로 협력해서 생각의 폭을 넓히고 좋은 결정을 내릴 때 필요해요. 반면 토론은 한 문제를 놓고 찬성과 반대로 나뉘어 서로 대립하는 과정을 거치지요. 넓은 의미에서 토론은 토의까지 포함하는 경우가 많습니다. 토론과 토의 모두 논리적으로 생각 체계를 세우고, 사고력과 창의성을 높이는 데 도움을 준답니다.

토론의 올바른 자세

말하는 사람
1. 자신의 말이 잘 전달되도록 또박또박 말해요.
2. 바닥이나 책상을 보지 말고 앞을 보고 말해요.
3. 상대방이 자신의 주장과 달라도 존중해 주어요.
4. 주어진 시간에만 말을 해요.
5. 할 말을 미리 간단히 적어 두면 좋아요.

듣는 사람
1. 상대방에게 집중하면서 어떤 말을 하는지 열심히 들어요.
2. 비스듬히 앉지 말고 단정한 자세를 해요.
3. 상대방이 말하는 중간에 끼어들지 않아요.
4. 다른 사람과 떠들거나 딴짓을 하지 않아요.
5. 상대방의 말을 적으며 자기 생각과 비교해 봐요.

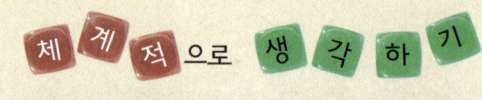

정말 플라스틱 제품에서 환경 호르몬이 나올까요?

다음 기사를 읽고 환경 호르몬이 나오는 플라스틱 제품을 안심하고 써도 되는지 생각해 보고 질문에 답해 보세요.

'포장해 온 떡볶이를 데워 먹기 위해 폴리카보네이트(PC) 소재 플라스틱 용기를 전자레인지에 돌렸다.' '약수 물을 페트병에 담아 몇 개월 동안 마시고 있다.'
위의 두 가지는 일상에서 누구나 흔하게 하는 행동들이다. 하지만 무심코 하는 위와 같은 행동들이 사실은 위험할 수도 있다는 사실을 혹시 알고 있는가. 문제는 바로 'PC 소재 플라스틱 용기'와 '페트병'에 있다. 주방에서 흔히 사용하는 쿠킹 랩이나 통조림, 캔 음료 역시 마찬가지다. 그런데 사용이 편리한 만큼 위험 또한 도사리고 있으니, 문제는 바로 '환경 호르몬(EDC)'이다.

(중략)

사실 PC 소재 플라스틱 용기를 데우거나 페트병에 담긴 물을 마시거나 쿠킹 랩을 사용하거나 통조림 음식을 먹는 이런 행동들이 인체에 유해하다는 데는 전문가들 사이에서도 의견이 분분하다. 문제는 위험할 수는 있지만 '얼마나 섭취했을 때 위험한지'가 과학적으로 아직 명확히 증명되지 않았다는 데 있다. 때문에 이런 행동들이 불임, 당뇨, 비만, 암 발병률을 높인다는 주장이 기우라고 말하는 일부 전문가들은 "소량일 경우 인체에 그다지 해가 되지 않기 때문에 사용해도 무방하다"라고 말한다.
하지만 이에 반대하는 과학자들은 "확실히 밝혀진 바가 없기 때문에 예방 차원에서 더욱 조심해야 한다"고 말한다. 이렇게 주장하는 과학자들은 지난달 브뤼셀에서 열린 환경 호르몬 관련 회의를 통해 "우리가 일상에서 사용하는 거의 모든 제품, 이를테면 페트병, 음료수 캔, 화장품, 치약, 헤어스프레이 등에 함유되어 있는 화학 물질에 대한 의존도가 점점 높아지고 있다"고 우려하면서 이런 화학 물질들이 인체에 매우 해롭다는 데 의견을 같이 했다.

일요신문 2014/12/10

1. 우리가 무심코 흔히 사용하는 플라스틱 소재의 물건에는 어떤 것들이 있는지, 기사 내용을 바탕으로 적어 보세요.

2. 플라스틱 제품을 사용해도 환경 호르몬의 위험에서 안전하다고 주장하는 과학자들이 제시하는 근거는 무엇인가요?

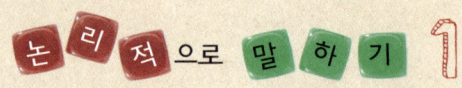

환경 호르몬에 노출되지 않는 플라스틱이 있을까요?

다음 기사는 환경 호르몬이 검출되지 않는 플라스틱을 개발한 것에 대한 기사입니다. 기사를 읽고 다음에 제시한 문제에 대해 생각해 보세요.

국내 연구진이 환경 호르몬 걱정 없는 슈퍼 바이오 플라스틱을 개발했다.

아기들이 입을 가져다 대는 장난감이나 유모차, 젖병 소재는 물론 인공 뼈와 임플란트 소재로도 상용화가 기대된다. 한국 화학 연구원은 오동엽·박제영·황성연 박사가 식물성 성분인 아이소솔바이드를 이용해 고강도·고내열성의 투명 바이오 플라스틱을 개발하는 데 성공했다고 19일 밝혔다. 식물성 성분인 아이소솔바이드로 만들어 환경 호르몬 걱정이 없는 것이 특징이다. 물성까지 우수해 기존 비스페놀A계 석유 플라스틱을 대체할 수 있을 것으로 보인다.

비스페놀A계 단량체로 만들어진 폴리카보네이트와 폴리술폰은 고강도·고내열성 특성 덕분에 고압을 견뎌야 하는 정수기 필터나 치아 교정기, 고온에서도 변형이 되지 않아야 하는 젖병과 밥솥 등에 많이 쓰인다. 하지만 비스페놀A는 환경 호르몬으로 비만, 심장 질환, 고혈압 등을 일으킨다고 알려져 있다. 다른 석유 플라스틱도 안전성 논란에서 자유롭지 않다.

이에 세계 연구진들은 비스페놀A계 플라스틱의 물성을 가지는 바이오 플라스틱을 개발하려고 노력했다. 하지만 식물성 성분 단량체가 화학적으로 안정된 탓에 반응성이 떨어지고 공기 중 수분에 의해 쉽게 화학 반응이 끝나면서 뜻을 이루지 못했다.

특히 이번에 개발된 슈퍼 바이오 플라스틱은 열에 녹여 가공할 수 있는 열가소성 수지로 320℃ 이상의 열에 녹여 재활용할 수도 있다고 연구진은 덧붙였다. 폐플라스틱 처리가 용이하다는 의미다.

오동엽 박사는 "아기들이 입을 대는 장난감이나 유모차, 젖병 소재는 믿을 수 있어야 한다"면서 "내 아이가 만진다는 생각으로 개발했다"고 말했다.

노컷뉴스 2019/06/19

1. 환경 호르몬이 검출되지 않는 플라스틱이 많이 사용된다면, 좋은 점은 무엇일까요? 기사를 읽고 생각을 정리한 뒤 말해 보세요.

2. 우리의 생활 제품 전체를 환경 호르몬이 검출되지 않는 플라스틱으로 모두 대체하는 게 가능할까요? 만약 어렵다면 그 이유가 무엇인지 말해 보세요.

논리적으로 말하기 2
도시에서 환경 호르몬 과다 발생! 그럼 시골은 안전할까요?

우리의 일상생활은 플라스틱을 떼어 놓고는 생각할 수 없을 정도로 플라스틱 속에 살고 있습니다. 플라스틱 도시라는 말이 있을 정도지요. 다음 기사를 읽고 제시한 문제에 대해 생각해 보세요.

1972년 스웨덴 스톡홀름에서 113개국 1200명의 정부 대표가 모여 '오직 하나뿐인 지구'라는 슬로건을 내걸고 유엔 환경 회의를 개최해 인간 환경 선언(스톡홀름 선언)을 채택했다. 유엔 환경 계획(UNEP)은 이를 기념해 6월 5일을 세계 환경의 날로 정해, 해마다 주제를 정해 대륙별로 돌아가며 기념행사를 갖는다.

올해 인도에서 열리는 행사의 주제는 '플라스틱 오염으로부터의 탈출'이다. 하지만 미국 저널리스트 수전 프라인켈의 '플라스틱 사회'를 읽다 보면 플라스틱으로부터 인류가 탈출하는 건 불가능해 보인다. 책은 빗, 의자, 신용카드 등 8가지 친숙한 플라스틱 제품을 통해 인류가 플라스틱빌(Piasticville·플라스틱 도시) 거주자임을 보여 준다. 그녀가 어느 하루 접촉한 플라스틱을 모두 기록해 보니 196개나 됐다.

통칭해서 플라스틱이지만 종류는 다양하다. 폴리에틸렌, 폴리프로필렌, 폴리염화비닐(PVC), 폴리스티렌, 폴리우레탄, 폴리에틸렌 테레프탈레이트(PET), 아크릴로니트릴 부타디엔 스티렌, 페놀수지, 폴리카보네이트, 아크릴 등등. 젖병, 기저귀, 의류, 신용카드, 자동차, 콘돔, 인공 수정체, 아스피린 병 등등 용도는 무궁무진해 전능의 경지다. 인류는 플라스틱 중독자이자 플라스틱 도구의 노예로 사는 셈이니 플라스틱빌 탈출은 언감생심이다.

경인일보 2018/06/05

1. 환경 호르몬으로부터 안전한 곳이 있다면 어디일지 생각해 보고, 그 이유를 말해 보세요.

2. 시골에서 사용하는 물건들 중 환경 호르몬이 나오는 제품이 있을까요? 기사내용을 참고해서 말해 보세요.

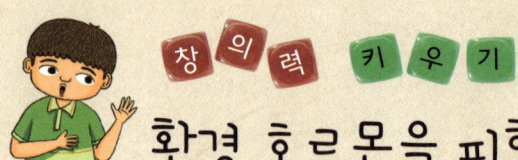

환경 호르몬을 피할 수 있을까요?

태평양에 큰 플라스틱 섬이 생겼어요. 지각 변동이나 화산 활동이 아닌 인간이 쓰고 버린 전 세계의 플라스틱이 해류를 따라 흘러 다니다 섬처럼 모여든 것이랍니다. 플라스틱은 자연 분해가 되지 않고 작게 아주 작게 쪼개져 바다를 떠다닌다고 하네요.

그리고 물고기 등 바다 생물은 작은 미세 플라스틱을 먹이로 착각해 섭취를 한대요. 물고기가 먹은 미세 플라스틱은 소화가 되지 않고 체내에 쌓이게 되고, 그 물고기를 먹은 다른 바다 생물에도 그대로 쌓이게 되지요. 결국 먹이 사슬의 최상위층 인간의 몸에 그대로 쌓이게 된답니다.

인간의 미래와 지구 환경을 생각하고 걱정한다면 우리 생활에서 조금이나마 플라스틱을 줄일 수 있는 방법을 고민해야 합니다. 우리가 실천할 수 있는 플라스틱과 환경 호르몬을 줄일 수 있는 방법에는 무엇이 있을까요?

예시 답안

정말 플라스틱 제품에서 환경 호르몬이 나올까요?

1. PC 소재 플라스틱 용기와 페트병, 주방에서 흔히 사용하는 쿠킹 랩이나 통조림, 캔 음료 등. 이 외에도 플라스틱으로 된 학용품, 반찬 통 등도 해당된다.
2. 물론 이러한 플라스틱 제품이 위험할 수는 있지만 얼마나 섭취했을 때 위험한지가 과학적으로 아직 명확히 증명되지 않았기 때문이다. 일부 전문가들은 "소량일 경우 인체에 그다지 해가 되지 않기 때문에 사용해도 무방하다"라고 주장하고 있다.

환경 호르몬에 노출되지 않는 플라스틱이 있을까요?

1. 많은 생활용품에서 환경 호르몬이 검출되지 않는 플라스틱을 쓴다면 우리의 몸은 비만, 심장 질환, 고혈압 등에서 안전할 것이다.
2. 플라스틱 소재가 우리 인체에 해롭다는 것을 알게 된 과학자들은 오랫동안 친환경적인 플라스틱을 개발하려고 노력했다. 하지만 식물성 성분 단량체가 화학적으로 안정된 탓에 반응성이 떨어지고 공기 중 수분에 의해 쉽게 화학 반응이 끝나 버려서 성공을 이루지 못했다. 최근 세계 각국에서 바이오 플라스틱 개발에 성공하고 있지만, 기존의 플라스틱보다 제품을 만드는 데 시간도 오래 걸리고 비용이 많이 들어 생활용품 전체를 대체하는 데에는 시간이 오래 걸릴 것이다.

도시에서 환경 호르몬 과다 발생! 그럼 시골은 안전할까요?

1. 시골은 도시보다 공기도 깨끗하고 물도 맑으며, 일회용 플라스틱을 아무래도 덜 사용하게 되는 곳일 것이다. 마트보다는 시골 장터 등을 이용하기에 일회용 제품의 사용도 적을 것이다.
2. 농기계, 농약, 농사에 사용하는 비닐하우스 등의 비닐이 대표적일 것이다. 그리고 시골도 도시 생활과 다를 바 없이 TV도 시청하고 컴퓨터도 사용하고, 커튼도 소파도 사용할 뿐만 아니라 플라스틱에 든 음료도 마시기 때문에 결국 시골도 도시처럼 환경 호르몬에서 완전히 안전하다고 할 수는 없을 것이다.

정가 480,000원

개념 수학 〈1단계〉① 양치기 소년은 연산을 못한대(수와 연산) ② 견우와 직녀가 분수 때문에 싸웠대(수와 연산) ③ 헨젤과 그레텔은 도형이 너무 어려워(도형) ④ 쉿! 신데렐라는 시계를 못 본대(측정) ⑤ 알쏭달쏭 알라딘은 단위가 헷갈려(측정) ⑥ 떡장수 할머니와 호랑이는 구구단을 몰라(규칙성) ⑦ 아기 염소는 경우의 수로 늑대를 이겼어(자료와 가능성) ⑧ 개념 수학 1단계-백점맞는 수학 문장제 〈2단계〉⑨ 가우스, 동화 나라의 사라진 0을 찾아라(수와 연산) ⑩ 가우스는 소수 대결로 마녀들을 물리쳤어(수와 연산) ⑪ 앨런, 분수와 소수로 악당 히들러를 쫓아내라(수와 연산) ⑫ 오일러와 피노키오는 도형축제 대회 1등을 했어(도형) ⑬ 오일러, 오즈의 입체도형 마법사를 찾아라(도형) ⑭ 유클리드, 플라톤의 진리를 찾아 도형 왕국을 구하라(도형) ⑮ 아르키는 어림하기로 걸리버 아저씨를 구했어(측정) ⑯ 페르마, 수리수리 규칙을 찾아라(규칙성) ⑰ 피보나치, 수를 배열해 비밀의 방을 탈출하라(규칙성) ⑱ 파스칼은 통계 정리로 나쁜 왕을 혼내줬어(자료와 가능성) ⑲ 개념 수학 2단계-백점맞는 수학 문장제 〈3단계〉⑳ 약수와 배수로 유령 선장을 이긴 15소년(수와 연산) ㉑ 입체도형으로 수학왕이 된 앨리스(도형) ㉒ 원주율로 떠나는 오디세우스의 수학 모험(측정) ㉓ 비례배분으로 보물섬을 발견한 해적 실버(규칙성) ㉔ 로미오와 줄리엣이 첫눈에 반할 확률은?(자료와 가능성) ㉕ 개념 수학 3단계-백점맞는 수학 문장제

융합 수학 ㉖ 쌍둥이 건물 속 대칭축을 찾아라(건축) ㉗ 열차와 배에서 배수와 약수를 찾아라(교통) ㉘ 스포츠 속 황금 각도를 찾아라(스포츠) ㉙ 옷과 음식에도 단위의 비밀이 있다고?(음식과 패션) ㉚ 꽃잎의 개수에 담긴 수열의 비밀(자연)

창의 수학 ㉛ 퍼즐탐정 썰렁홈즈1-외계인 스콜피오스의 음모 ㉜ 퍼즐탐정 썰렁홈즈2-315일간의 우주여행 ㉝ 퍼즐탐정 썰렁홈즈3-뒤죽박죽 백설공주 구출 작전 ㉞ 퍼즐탐정 썰렁홈즈4-'지지리 마란드러'의 방학숙제 대작전 ㉟ 퍼즐탐정 썰렁홈즈5-수학자 '더하기늘 모테'와 한판 승부 ㊱ 퍼즐탐정 썰렁홈즈6-설국언차 기관사 '얼어도 달리능기라' ㊲ 퍼즐탐정 썰렁홈즈7-해설 및 정답

개념 사전 ㊳ 수학 개념 사전 1(수와 연산) ㊴ 수학 개념 사전 2(도형) ㊵ 수학개념사전 3(측정/규칙성/자료와 가능성)